顾随中国古典诗文讲录（珍藏版）

顾随讲《论语》《中庸》

叶嘉莹—笔记
高献红 顾之京—整理
刘金柱—主编

河北出版传媒集团
河北教育出版社

图书在版编目（CIP）数据

顾随讲《论语》《中庸》/叶嘉莹笔记；高献红，顾之京整理.--石家庄：河北教育出版社，2018.9（2019.12重印）
（顾随中国古典诗文讲录：珍藏版/刘金柱主编）
ISBN 978-7-5545-4530-0

Ⅰ.①顾… Ⅱ.①叶… ②高… ③顾… Ⅲ.①儒家②《论语》—研究③《中庸》—研究 Ⅳ.①B222.05

中国版本图书馆CIP数据核字(2018)第140819号

顾随中国古典诗文讲录：珍藏版
顾随讲《论语》《中庸》
叶嘉莹 笔记　高献红 顾之京 整理

主　　编　刘金柱
策　　划　刘相美　何崇吉
责任编辑　刘相美　姬璐璐
装帧设计　今亮后声
出版发行　河北出版传媒集团
　　　　　河北教育出版社 http://www.hbep.com
　　　　　（石家庄市联盟路705号，050061）
印　　制　北京中科印刷有限公司
开　　本　787mm×1092mm 1/32
印　　张　6.25
字　　数　100千字
版　　次　2018年9月第1版
印　　次　2019年12月第4次印刷
书　　号　ISBN 978-7-5545-4530-0
定　　价　45.00元

出版说明

顾随（1897—1960），字羡季，别号苦水，晚号驼庵，河北清河县人。顾随一生执教并从事文学创作与学术研究，他是“一位正直的诗人，而同时又是一位深邃的学者，一位极出色的大师级的哲人巨匠”（周汝昌语），诗、词、曲、剧众体兼擅；书法出唐入晋，自成一家；尤于谈文论艺及课堂讲授契机入理、精妙超绝。沦陷期间，他困守北平，以笔为枪，显示出一介爱国知识分子的坚贞气节。现代文坛诸多名家宿儒沈尹默、沈兼士、周作人、冯至、杨晦、郑因百等皆与之有师友之谊；弟子沉樱、吴晓铃、周汝昌、叶嘉莹、郭预衡、史树青、欧阳中石等享誉海内外。

顾随先生儒释道兼融，每每以一己之体悟，于诗于词生发精见妙解，尤其在古典诗文的讲授上，聆者无不濬发灵源、溉沃智府。叶嘉莹先生曾回忆道："我以为先生生平最大之成就，实在还并不在其各方面之著述，而更在其对古典诗歌之教学讲授。因为先生在其他方面之成就，往往尚有踪迹及规范的限制，而唯有先生之讲课则是纯以感发为主，全任神行，一空依傍，是我平生所接触过的讲授诗歌最能得其神髓，而且也最富于启发性的一位非常难得的好教师。"1942 年秋，辅仁大学国文系二年级的叶嘉莹开始追随顾随先生听讲中国古典文学，甚至毕业后已在中学任教，仍赶往辅仁大学及中国大学等校旁听顾随先生之课程，如此直至 1948 年春离开北平南下结婚。正是在这 6 年的时间里，叶嘉莹先生笔录下半尺多厚近百万字的听课笔记，且在她以后半生流离辗转的生活中一直随身携带，视如无价之宝。

改革开放 40 年来，在叶嘉莹先生的指导下，顾随先生六女顾之京与众多新学人合作，共同努力于顾随遗著的辑佚、整理与传播，已出版顾随著作数十种。2014年，由我社推出的10卷本《顾随全集》，可称集其大成者，深受读者好评。为使读者更系统地了解顾随先生“人师”的风采，本次出版的这套“顾随中国古典诗文讲录”（珍藏版），对叶嘉莹先生记录、保存的听课笔记再次归类整理，同时佐以嘉莹先生同窗好友刘在昭先生的笔记，从而使专题更加集中和完整，便于读者更深入地理解、参悟。该套书共6种8册，分别为《顾随讲〈诗经〉》、《顾随讲曹操·曹植·陶渊明》、《顾随讲唐宋诗》（上、下）、《顾随讲宋词》、《顾随讲〈论语〉〈中庸〉》、《 顾随讲〈昭明文选〉》（上、下）。这些谈诗论文的作品，文风质朴凝练，抒情畅达，说理精辟，既有雅正简当之风致，更含家国世事之情怀，又紧贴人的生命与生活，随语成韵，字字珠玑，实为体悟中国古典文学、弘扬传统文化的意旨所归。

顾随先生作品用典较多，更不时引用俗谚、外文、时事，为方便读者理解，本次出版增加了千馀条详细的注释，使内容更为丰富、翔实，极大地降低了阅读难度。除此以外，有关本书的编辑情况，尚有几点说明：一、原笔记中的异体字、繁体字，编辑酌情对其进行了规范、简化处理。而一些不碍读者理解的异体字、繁体字，作者又在讲解中进行了解释的，则仍依原稿，如“構”“遊”“獲”“穫”等。二、由于原文稿多用“惟”字，除了“唯物辩证法”“唯物主义”“唯美”及引文等必须使用“唯”的情况，其他“惟”“唯”通用的地方统一使用“惟”，个别仍依原稿。三、文稿中存在“余”“馀”意义上可能混淆的情况，除表示人称代词“我”的情况，其他均统一使用“馀”。

河北大学顾随国学院刘金柱院长对本套丛书的出版给予了全力支持，顾之京教授的女棣高献红对文稿的整理和注释做了重要工作，特此致谢。

由于编辑经验不足，加之学养有限，文稿中难免有疏漏不当之处，恳请广大读者、研究者批评指正。

河北教育出版社学术读物编辑室

2018 年 8 月

目　录

《论语》六讲

一、“君子”与“士”

“君子”一词，含义因历代而不同。字是死的，而含义现装。讲书人有自己主观，未必为作者文心。

一切皆须借文为志达，好固然好，而也可怕——写出来的是死的。生人、杀人皆此一药，药是死的，用是活的。用得不当，人参、肉桂也杀人；用得当，大黄、芒硝也救人命——而二者药性尚不变。而文字则有时用得连本性都变了。

“君子”向内方面多而向外的少，在《论语》上如此。向内是个人品格修养，向外是事业之成功。此是人之长处，亦即其短处。

佛教“度人”，即儒家所谓“己欲立而立人，己欲达而达人”（《论语·雍也》）。而佛教传至中国成为禅宗，只求自己“明心见性”。再看道教，老子原来是很积极的，老子“无为”是无不为。[①]“水善利万物而不争”（《道德经》八章），但什么都受它支配；“天下莫柔弱于水，而攻坚强者莫能之先”（《道德经》七十八章）。可是现在所说黄老、老庄[②]，只是清静无为，大失老子本意。

君子不仅是向内的，同时要有向外的事业之发展。向内太多是病，但尚不失为束身自好之君子，可结果自好变成“自了”，这已经不成，虽尚有其好处而没有向外的了——二减一，等于一。宋元明清诸儒学案便只有向内、没有向外。宋理学家愈多，对辽、金愈没办法，明亦然。

只有向内、没有向外，是可怕的。而现在，连

---

① 《道德经》三十七章：“道常无为，而无不为。”四十八章：“为学日益，为道日损，损之又损，以至于无为，无为而无不为。”

② 黄老、老庄：道家有黄老之术，黄老指黄帝与老子；道家有老庄思想，老庄指老子与庄子。

向内的也没有了——一减一等于零了。《官场现形记》① 写官场黑暗，而尚有一二人想做清官。《阅微草堂笔记》② 记一清官死后对阎王说，我一文钱不要，“所至但饮一杯水”。阎王哂曰：

> 植木偶于堂，并水不饮，不更胜公乎？
>
> （卷一《滦阳消夏录一》）③

刻一木人，一口水不喝，比你还清。而那究竟还清。其实只要给老百姓办点事，贪点赃也不要紧；现在是只会贪赃，而不会办事——向内、向外都没有。

---

① 《官场现形记》：清末李宝嘉所著谴责小说，以 19 世纪中后期中国官场为表现对象，集中描写封建社会崩溃时期官场各个层面的种种腐败、黑暗与丑恶情形。

② 《阅微草堂笔记》：清代纪昀所著笔记小说集。主要记述花妖狐精、鬼怪神异故事，间杂考辨，对宋儒之苛察有所讽刺。

③ 《阅微草堂笔记》卷一《滦阳消夏录一》：“北村郑苏仙，一日梦至冥府，见阎罗王方录囚。……有一官公服昂然入，自称所至但饮一杯水，今无愧鬼神。王哂曰：‘设官以治民，下至驿丞闸官，皆有利弊之当理。但不要钱即为好官，植木偶于堂，并水不饮，不更胜公乎？’官又辩曰：‘某虽无功，亦无罪。’王曰：‘公一生处处求自全，某狱某狱，避嫌疑而不言，非负民乎？某事某事，畏烦重而不举，非负国乎？三载考绩之谓何？无功即有罪矣。’”

这是造成亡国的原因。老子“无为”是无不为。

曾子[①]在孔门年最幼，而天资又不甚高，“参也鲁”（《论语·先进》）。曾子虽“鲁”而非常专。“鲁”，故专攻，固守不失。然此尚为纸上之学、口耳之学，怎么进来，怎么出去，禅家所谓稗贩、趸卖，学人最忌。曾子不然，不是口耳之学，固守不失；而是身体力行，别人当作一句话说，而他当作一件事情干。他是不但记住这句话，而且非要做出行为来。他的行为便是老师的话的表现，把语言翻成动作。所以，颜渊[②]死后只曾子得到孔子学问。

何以看出曾子固守不失、身体力行？有言可证：

> 曾子曰：“士不可以不弘毅，任重而道远。仁以为己任，不亦重乎？死而后已，不亦

---

① 曾子（前505—前436）：曾氏，名参，字子舆，春秋末鲁国人。孔门七十二贤之一，以孝道著称。后被尊为“宗圣”。

② 颜渊（前521—前490）：颜氏，名回，字子渊，春秋末鲁国人。孔门十哲之首，以德行著称。后尊为“复圣”。

远乎?”

（《论语·泰伯》）

此曾子自讲其对“士”的认识。“士”乃君子的同义异字。我们平常用字、说话、行事，没有清楚的认识，在文字上、名词上、事情上，都要加以重新认识。曾子对“士”有一个切实的认识，不游移；有一个清楚的认识，不模糊；有一个深刻的认识，不浮浅；而且还不只是认识，是修、行。

（一）认识；（二）修；（三）行

“修”，如耕耘、浇灌、下种，是向内的。若想要做好人，必须心里先做成一好人心。如人上台演戏，旦角，男人装的，而有时真好。如程砚秋①一上

① 程砚秋（1904—1958）：京剧演员，原名荣承麟，字御霜，北京人。工旦角。代表剧目有《青霜剑》《荒山泪》《春闺梦》《鸳鸯冢》等。

台，真有点大家闺秀之风，心里先觉得是闺秀。狐狸成人，先须修成人的心，然后才能成为人的形。人若是兽心，他面一定兽相。至于“行”，不但有此心，还要表现出来。

读经必须一个字一个字地读，固然读书皆当如此，尤其经。先不用说不懂、不认识，用心稍微不到，小有轻重，便不是了。《史记·孔子世家》引《论语》往往改字，而以司马迁①天才，一改就糟，就不是了。《论语·述而》曰：

> 三人行，必有我师焉。

《史记》改为：

① 司马迁（约前145或前135—?）：西汉史学家、文学家，字子长，夏阳（今陕西韩城南）人。所著《史记》为我国第一部纪传体通史，被鲁迅誉为“史家之绝唱，无韵之离骚”。

三人行，必得我师。

是还是，而没味了。“士不可以不弘毅，任重而道远”若改为：

士必弘毅，任重道远。

是还是，而没味了。

曾子所谓“弘毅”，“弘”，大；“毅”，有毅力，不懈怠。“任重而道远”，不弘毅行吗？曾子语气颇有点孔夫子味：

……不亦重乎？……不亦远乎？

讲牺牲，第一须破自私，人是要牺牲到破自私。而人最自私。想，容易；做，难。坐在菩提树下去想高深道理，易；在冬天将自己衣服脱给人，难。而这是仁，故曰：“仁以为己任，不亦重乎？”而若只此一回，还可偶尔办到，如“慷慨捐生易”；而“死而后已，不亦远乎”，至死方休，故须弘毅。曾子对士之认识、修、行算到家了，身体力行。

任 ←—— 重 —— 弘

道 ←—— 远 —— 毅

合此二者为仁，道远亦以行仁。

仁（道），君子（人），以道论为仁，以人论为君子。

朱注①：“仁者，人心之全德。”这太玄妙，无从下手，从何了解？从何实行？朱子之“心之全德”恰如《楞严》之“圆妙明心”。——弄文字学者结果弄到文字障里去了，弄哲学者结果弄到理障里去

① 朱注：朱熹著有《论语集注》。朱熹（1130—1200），南宋哲学家、文学家，字元晦，号晦庵，徽州婺源（今属江西）人。一生主要致力于著述与讲学。著有《四书章句集注》《诗集传》《楚辞集注》等。另有与弟子问答之记录《朱子语类》。

了也。本求明解，结果不解。故禅宗大师说“知解边事”不成。

知解乃对参悟而言。如云桧树为何门类，枝叶如何，此是知解。要看到桧之心性、灵魂，此是参悟，虽不见其枝叶无妨。禅之喝骂知解，正是找知求解，参悟正是真知真解。禅欲脱开理障，其实正落入理障里了；不赞成知解，正是求知解。

儒家此点与宗教精神同，知是第二步，行第一。《论语·雍也》云：

> 知之者不如好之者，好之者不如乐之者。

即此意也。因好之、乐之，故肯去办、肯去行。人总不肯行远道、背重任，不肯去背木梢、抬十字架。“好”“乐”是真干，只“知”不行。人不冤不乐，绝顶聪明人才肯办傻事，因为他看出其中乐来了。

先生讲尽心尽力，学生听聚精会神，这是知解，连参悟都不到，何况“行”？人若说，我不“好”、不“乐”，怎能“行”？其实行了就好、就乐，互为因果。

二、“低处着手”与“犯而不校”

余要使人看出曾子之学问、精神、思想——合为其真面目。曾子之所以为曾子，在此；其所以能表现孔门精神，亦在此。而前所说“任重而道远”太笼统、太高，现在讲低的、细的功夫。

> 曾子曰：“以能问于不能，以多问于寡，有若无，实若虚；犯而不校。昔者吾友尝从事于斯矣。”
>
> （《论语·泰伯》）

高处着眼，低处着手。浅近，是着手练习，不是满足于此浅近。理想了现实，现实了理想，浅近是高远之准备，并非停顿于此、满足于此。浅近并非简单。

《论语》文字真好，而最难讲，若西洋《圣经》文字。

曾子“以能问于不能”诸句，图解为：

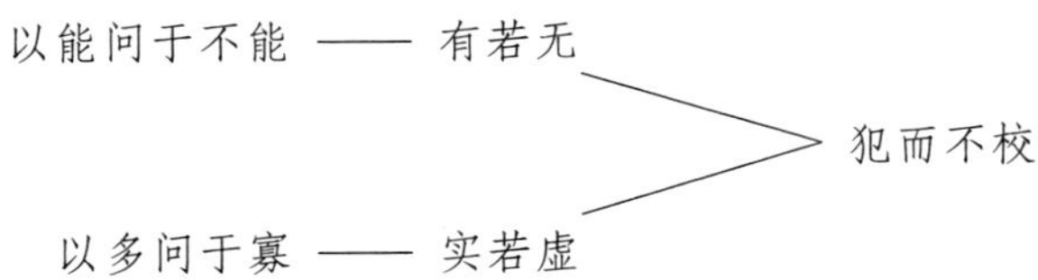

句形如：

“犯而不校”，一句支住。其好不仅在辞，辞意合一，

内外如一。辞是有形之意，意是无形之辞。不是在辞上能记住，是在意上，“犯而不校”就有力。（“犯而不校”，不但儒家，宗教精神亦然。）而其文之前后，又并非只为这样写着美，其意原即有浅、深、轻、重之分，由浅入深，由轻入重。无论在辞上、在意上，皆合逻辑。

“以能问不能”“以多问寡”，不是开玩笑。

开玩笑是不好的，但看用在什么时候。人敢跟死开玩笑——除了穷凶极恶之人不算，那是无意义的——但其大无畏勇气已可佩服。敢跟有势力的人开玩笑，跟暴君开玩笑，你是皇帝，我没看起你。因有意义，玩笑往往成为讽刺。犬儒学派（Cynic）① 是讽刺。亚历山大（Alexander）② 谓亚里士多德

① 犬儒学派：古希腊哲学学派之一，代表人物有创始人安提斯泰尼（Antisthenes）、第欧根尼（Diogenes）。该学派反对柏拉图“理念论”，要求摆脱世俗利益，强调禁欲主义，克己自制，追求自然。后期走向愤世嫉俗，玩世不恭。因被人讥为穷犬，故称犬儒学派。

② 亚历山大（前356—前323）：古代马其顿国王。即位后率军征讨四方，建立起地跨欧、非、亚三大洲的亚历山大帝国。

(Aristotle)[①] 将说其坏话，哲人说：“我还不至于无聊到没话可说非说你坏话不可。”中国人开玩笑先相一相对手，口弱的他便骂，力气小的他便打，这是阿Q。鲁迅先生说话真了不得，除非他说的话你不信，你若信便无法活。中国的笑话有许多是残忍的，如讥笑近视眼、瘸子。人多爱向有短处的人开玩笑，这是不对的、残忍的。又，开玩笑必须心宽才成，跟死开玩笑而非穷凶极恶，跟人开玩笑说话幽默，而绝非无心肝，这便因其心宽大，但宽大绝非粗。（其实，他的乐真是“哭不得所以笑了”[②]。）可是现在人心是小而不细。人在极端痛苦中很难说出趣话，若能而尚非无心肝、穷凶极恶，这便可观了。

曾子虚心到极点，强中更有强中手，能人背后有能人。普通说自己不能，自谦，是为自己站住脚

---

① 亚里士多德（前384—前322）：古希腊哲学家、科学家、教育家，马其顿国王亚历山大之师，著有《形而上学》《诗学》《论灵魂》《政治学》等。

② 《西游记》第五十一回：“行者道：‘你说烦恼，终然我老孙不烦恼？我如今没计奈何，哭不得，所以只得笑也。’”

步，是计较利害，连知解都谈不到。是非是知解，利害是计较。计较利害，学文、学道最忌此。怕自己跌倒，怕能人背后有能人，不是曾子精神。曾子之虚心也许是后天的，但用功至极点，则其后天与先天打成一片。

学道最忌诳语、骄傲。骄傲之对面是虚心。慢说“能”“多”，便是“不能”“寡”，也不肯“问”，这样人永远不会长进。会的不想再长进，不会的也不求补充，这样人没出息。曾子虚心是后天功夫与先天个性合于一。

智者千虑，必有一失；愚者千虑，必有一得，故须“下问”。愚人之知，有时虽圣人有所不知也。

“能”“不能”，“多”“寡”，是从表面看，实际也许多还不如寡。

“有若无，实若虚”，岂非虚伪？不是。“有”是表面，内心感觉着是“无”。富人装穷人，对金钱有此功夫。而对学问则不成。人对学问、对道，往往是“无”而为“有”，“虚”而为“丰”，这是俗人。曾子压根就没觉得够过，没觉得有过，这是虚心。然虚心不成，还要猛进。虚心是猛进的一个原因，肚子饿则需要食物之情绪更浓厚。学道、学文必先虚心，然后才能猛进。而猛进有进取之精神，又往往爆发，猛进则爆发而不能收敛，有进取之心则往往于人、于事多有抵牾。所以曾子赶快拿“犯而不校”补上，“犯”正是抵牾。

“昔者吾友尝从事于斯矣”，曾子真是虚心，不肯说自己。汉儒、宋儒皆指吾友为颜渊。未必是，也未必不是，总之都是孔门高弟。

“犯而不校。”朱注：“校，计较也。”何晏[①]注引汉人包咸[②]曰：“校，报也，言见侵犯而不校之也。”

犯而不校，以前在中国颇有人实行。凡世人所谓“老好子”“好人”，皆是犯而不校。但他们的犯

---

① 何晏（？—249）：三国魏玄学家，字平叔，南阳宛（今河南南阳）人。与王弼并称“王何”，著有《论语集解》《道德论》。

② 包咸（前7—65）：汉代经学家，字子良，会稽曲阿（今江苏丹阳）人。曾注解《论语》，何晏《论语集解》所引包氏即包咸之说。

而不校，的确没什么了不起，虽然他们也要有多年修养；但他们的修养不可佩服，因为他们的“不校”是消极怯懦，不能猛进，不能向前。这或者也不失为明哲保身之道，但这样人能进取向上、向前吗？《论语》则不然。

但犯而不校，在宗教上熟。宗教之经上可曾有一次教人着急、教人怒？如耶稣直到临死未曾怒过，还说叫人怒？佛经戒嗔，不但打你、骂你不能怒，甚至节节肢解，亦不须有丝毫嗔恚之心。[①]《圣经》上说人打你右脸把左脸也送过去，[②] 这岂不与乡下“老好子”之“犯而不校”相同？其实，宗教上的“犯而不校”不是消极的，是积极的。余以为一个做大事业的人看是非看得很清楚，但绝不生气，无所用其恼。恼只能坏事，凡失败的人都是好发怒的人。

---

① 《金刚经》：“须菩提，如我昔为歌利王割截身体，我于尔时，无我相、无人相、无众生相、无寿者相。何以故？我于往昔节节支解时，若有我相、人相、众生相、寿者相，应生嗔恨。”

② 《新约全书·马太福音》：“只是我告诉你们，不要与恶人作对。有人打你的右脸，连左脸也转过来由他打。”

三国刘备最能吃苦忍辱，故曰刘备为枭雄。刘备只生过一回气——伐吴，结果一败涂地。诸葛亮说："法孝直若在，必能制主上东行也。"[①]（《三国演义》第八十一回）所以刘备一死，诸葛亮赶紧派人向东吴求和。这还是就事业上而言。

在宗教上，在己是求道，对人为度人，都不能发怒。怒，对人、对己两无好处，还不用说怒是最不卫生的一件事。乡下"好人"是明哲保身，是怯懦、偷生苟活，不怒是不敢怒。宗教上所讲不怒，是"大勇"。罗曼·罗兰（Romain Rolland）提倡大勇主义，[②] 佛教提倡大雄，这还不仅是自制、克服自己。因为要做人、做事，我们都不能生气，不是胆怯、偷生苟活。"愤怒乃是对于别人的愚蠢加到自己

---

① 《三国志·蜀志·庞统法正传》："亮叹曰：'法孝直若在，则能制主上，令不东行；就复东行，必不倾危矣。'"

② 傅雷译罗曼·罗兰《贝多芬传》，其《译者序》拈出罗曼·罗兰之大勇主义："现在阴霾遮蔽了整个天空，我们比任何时都更需要精神的支持，比任何时都更需要坚忍、奋斗、敢于向神明挑战的大勇主义。"罗曼·罗兰（1866—1944），法国作家、音乐学家，代表作有《名人传》（包括《贝多芬传》《米开朗琪罗传》《托尔斯泰传》）、《约翰·克利斯朵夫》。

身上的惩罚”，这话说得很幽默，可是很有道理，很有意思。（知礼不怪人，怪人不知礼。）这往上说，够不上大雄、大勇主义，但至少比乡下“老好子”好得多。这两句话是智慧，生气没惩罚别人，自己受罪。韩信受胯下之辱是大雄、大勇，但胆怯者不可以此为借口。一种宗教式的不计较与怯懦是两回事，宗教上不怒是道德。

一怒、一校，耗费精神、时间；而一切修养，皆需利用精神、时间。我不相信一个人在怒中能做出什么事来，气来时读书也读不进去。越王勾践卧薪尝胆不是怒，是狠。怒如汽水，冒完沫就完。所以，“犯而不校”看怎么说。匹夫匹妇之勇，是你自己气死，人更痛快。

三、“唯”与“拈花微笑”

曾子可代表儒家。

禅宗有语云：

丈夫自有冲天志，不向如来行处行。

（真净克文禅师语）①

① 《古尊宿语录》卷四十二：“（真净克文）良久乃喝云：‘昔日大觉世尊，起道树诣鹿苑，为五比丘转四谛法轮，惟憍陈如最初悟道。贫道今日向新丰洞里，只转个拄杖子。’遂拈拄杖向禅床左畔云：‘还有最初悟道底么？’良久云：‘可谓丈夫自有冲天志，不向如来行处行。’喝一喝下座。”真净克文（1025—1102），法号克文，死后赐号“真净”，后人习称“真净克文”，北宋临济宗黄龙派高僧。

禅宗呵佛骂祖，这才是真正学佛呢！即使佛见了，也要赞成。

然则不要读古人书了？但还要读。受其影响而不可模仿。但究竟影响与模仿相去几何？小儿在三四岁就会模仿父母语言，大了后口音很难改过来；自然后天也可加以修改补充，但无论如何小时候痕迹不能完全去掉。读书读到好的地方，我们就立志要那样做，这也是影响。小儿之影响、模仿只因环境关系，无所为而为。而我们不然，只是环境不成，因为我们有辨别能力，能分辨是非、善恶、美丑、好坏。

但任何一个大师他的门下高足总不成。是屋下架屋、床上安床①的缘故吗？一种学派，无论哲学、文学，皆是愈来愈渺小、愈衰弱，以至于灭亡。这一点不能不佩服禅宗，便是他总希望他弟子高于自己。禅宗讲究超宗越祖，常说：

---

① 屋下架屋、床上安床：颜之推《颜氏家训·序致》："魏晋以来，所著诸子，理重事复，递相模教，犹屋下架屋，床上施床耳。"

见与师齐，减师半德。

（百丈怀海禅师语）①

“减师半德”，成就较师小一半。你便是与我一样，那么有我了还要你干吗？“见过于师，方堪传授。”僧人自当以佛为标准，而禅宗呵佛骂祖。没有一个老师敢教叛徒，只有禅宗。

狮子身中虫，还吃狮子肉。②

---

① 《五灯会元》卷三载百丈怀海禅师事：“一日，师谓众曰：‘佛法不是小事。老僧昔被马大师一喝，直得三日耳聋。’黄檗闻举，不觉吐舌。师曰：‘子已后莫承嗣马祖去么？’檗曰：‘不然。今日因和尚举，得见马祖大机之用，然且不识马祖。若嗣马祖，已后丧我儿孙。’师曰：‘如是，如是！见与师齐，减师半德。见过于师，方堪传授。子甚有超师之见。’檗便礼拜。”百丈怀海（720—814），马祖道一弟子，时与西堂智藏、南泉普愿并称“三大士”。传法于洪州新吴界大雄山，因见岩峦峻极，故号百丈，世称百丈怀海。

② 《莲华面经》卷上：“阿难，譬如师子命绝身死，若空、若地、若水、若陆。所有众生，不敢食彼师子身肉，惟师子身自生诸虫，还自啖食师子之肉。阿难，我之佛法非余能坏，是我法中诸恶比丘犹如毒刺，破我三阿僧祇劫积行勤苦所集佛法。”

这是很正大光明的事，不是阴险，虽然有时这种人是阴险、恶劣。阴险是冒坏，恶劣是恩将仇报。逄蒙学射于羿，[①] 那也是“狮子身中虫，还吃狮子肉”，那即是阴险。还有猫教老虎，此故事不见经传，但甚普遍，这不行，这是恶劣、阴险。禅宗大师希望弟子比自己强，是为“道”打算，不是为自己想；只要把道发扬光大，没有我没关系。这一点很像打仗，前边冲锋者死了，后边的是要踏着死尸过去。有人说狮子是要把父母吃了本身才能强，狮子的父母为了强种，宁可让小狮子把自己吃了。大师门下即其高足都不如其自己伟大，只禅宗看出这一点毛病，而看是虽然看到了这一点，做却不易做到这一点。所以，禅宗到现在也是不绝而如缕了。

曾子乃孔门后进弟子，但自颜渊而后，最能得孔子道、了解孔子精神的是曾子。

---

① 《孟子·离娄下》：“逄蒙学射于羿，尽羿之道，思天下惟羿为愈己，于是杀羿。”

子曰："参乎！吾道一以贯之。"曾子曰："唯。"

（《论语·里仁》）

你的心便是我的心，你的话便是我要说未说出的话。"唯"字不是敷衍，是有生命的、活的，不仅两心相印，简直是二心为一。

人说此一"唯"字，等于佛家"世尊拈花，迦叶微笑"① 那么神秘。孔门之有曾参，犹之乎基督之有彼得②。有人说若无圣彼得，基督精神不能发扬光大，基督教不能发展得那么快。但总觉得曾子较孔子气象狭小，就是屋下架屋、床上安床的缘故。

气象要扩大。谁的自私心最深，谁的气象最狭

① 世尊拈花，迦叶微笑：《大梵天王问佛决疑经·拈华品》："尔时如来，坐此宝座，受此莲华，无说无言，但拈莲华。入大会中，八万四千人天时大众，皆止默然。于时长老摩诃迦叶，见佛拈华示众佛事，即今廓然，破颜微笑。佛即告言：'是也。我有正法眼藏、涅槃妙心、实相无相、微妙法门，不立文字，教外别传，总持任持，凡夫成佛，第一义谛。今方付属摩诃迦叶。'言已默然。"

② 彼得：亦称西蒙彼得，为耶稣最得力之门徒，晚年竭力广传福音。

小。人都想升官发财，这是自私，人人皆知；人处处觉得有我在，便也是自私：我要学好，我怕对不起朋友……曾子曰：

> 吾日三省吾身。
>
> （《论语·学而》）

为自己而升官发财，是自私；但自己总想学好，也是自私。所以抒情作品没有大文章，世界大而有人类，人类多而有你，一个大文学家是不说自己的。为了自己要强，也还是自私狭小，参道、学文忌之。

不但大师希望弟子不如他，这派非亡不可；即使是希望弟子纯正不出范围，也不成。愈来愈小，小的结果便是灭亡。天地间无守成之事，学如逆水行舟，不进则退。不但宗教、文学如此，民族亦然。日本便是善于吸收、消化、利用，所以暴发。人家是暴发，而我们是破落户。暴发户固不好，但破落户也不好。

有的大师老怕弟子胜过自己，其实你不成，显摆什么？成，自然不会显不着。“不用当风立，有麝自然香。”① 再一方面，弟子好，先生不是更好？只要心好，水涨船高。除非弟子不好，弟子真好，绝不会忘掉你的。

孔子总鼓励他弟子，凡弟子赞美他太多，他总不以为然。

> 子曰：“君子道者三，我无能焉。仁者不忧，知者不惑，勇者不惧。”子贡曰：“夫子自道也。”
>
> （《论语・宪问》）

孔子所讲三种美德不缥缈，易知、易行，但并非不高远。说仁、知、勇做不到，但不忧、不惑、不惧总可做到了。孔子此语朱注云：

---

① 杜文澜《古谚谣》卷五十：“有麝自然香，何必当风立。”

自责以勉人也。

对是对，但是不太活。孔子以为：你们以为我是圣人，其实我连这还不会呢。你们若能办到，岂非比我更强？你们若办到，比我还强；办不到，咱们一块儿用功。

禅家说离师太早不好，可是从师太久也不好。（余之门下跟余太久。）老有大师影子在前，便从小心成小胆。子贡[①]曰“夫子自道也”——“您客气”，还是胆小。夫子这样勉励都不行。胆大，便妄为；胆小，便死的不敢动，活的不敢拿，结果不死不活。小心是细心，与窄狭不同。

曾子是小心而且有毅力。因为小心，所以能深思；因为有毅力，故能持久实行。“吾日三省吾身”，“任重道远”“死而后已”。而小心和毅力之间，还要加上一个意志坚强。所以孔门颜渊而下，所得以

① 子贡（前520—?）：端木氏，名赐，字子贡，春秋末卫国人。孔门十哲之一，以言语著称。

曾子为最多，此非偶然，因其知、仁、勇三种皆全。好在此，但病也在此。结果小心太多，成为不死不活之生活，坏事固然绝不做，可是好事也绝不敢做。这还是好的，再坏便成为好好先生，“乡原，德之贼也”（《论语·阳货》）。

何以见出曾子小心？

“人之将死，其言也善。”（《论语·泰伯》）要想真观察、认识一个人，要在最快乐时看他，最痛苦时看他，得失取与之际看他。一个也跑不了。生死是得失取与之最大关头，小的得失取与还露出原形，何况生死？就算他还能装，也值得佩服了。

《论语·泰伯》曰：

> 曾子有疾，召门弟子曰：“启予足，启予手。诗云：战战兢兢，如临深渊，如履薄冰。而今而后，吾知免夫，小子。”

曾子一生永在“战战兢兢，如临深渊，如履薄冰”

(《诗经·小雅·小旻》)十二字之中，视、听、言、动，一准乎礼，这不容易。“而今而后，吾知免夫”，八个字沉甸甸的。临死还如此说，可见他一世小心，不易。

此尚非曾子全部，更有长处：

> 曾子曰：“吾日三省吾身：为人谋而不忠乎？与朋友交而不信乎？传不习乎？”
>
> （《论语·学而》）

四、“三省吾身”与“直下承当”

《学而》中，第一章“子曰……”，第二章“有子曰……”，第三章“子曰……”，第四章“曾子曰……”。足以证明有子①、曾子在孔门非同寻常。

余对有子无甚认识，只子游②说过：

① 有子（前518—?）：有氏，名若，字子有，春秋末鲁国人。孔门七十二贤之一。

② 子游（前506—?）：言氏，名偃，字子游，春秋末吴国人。孔门十哲之一，以文学著称。

有子之言似夫子。

（《礼记·檀弓上》）[①]

言似夫子，行未必似；且似夫子，似则似矣，是则非是。余对曾子比较清楚，并非余对《论语》记曾子处特别注意，对有子便不注意，乃是一般读《论语》的都对有子摸不着。

《论语》是记者记的。在《论语》上，姓加“子”，A；“子”加“字”，B。孔子而外，仅有子、曾子是姓加“子”，“子”字在下。所以，有人说《论语》是有子或曾子门人记的。而《论语》记有子之言常有不通处。

盖治学要有见解；并且先有见，然后才能谈到解。禅宗讲见，“亲见”，一是用眼见，一是心眼之见，mind as eye。肉眼要见，肉眼不见不真；心眼要见，心眼不见不深。如大诗人也说花月，他可以传

① 《礼记·檀弓上》：“曾子以斯言告于子游。子游曰：‘甚哉，有子之言似夫子也！’”

出花月的高洁、伟大；我们则不成，我们的诗也说花月，但花月的高洁、伟大我们写不出来。我们肉眼也见了，但是我们的心眼压根没开，甚至压根没有。用肉眼见是浮浅。

若说见，一是见的何人，二是见的什么。有子当然见过夫子，但心眼见得不真，所以说出话来才使人得不到一个清楚的观念。凡写出文章、说出话来使人读了、听了不清楚的，都因他心眼没见清楚。至于曾子，则真是用心眼见了。

余常说："着眼不可不高，下手不可不低。"余虽受近代文学和佛学影响，但究竟是儒家所言，儒家之说。只向低处下手，不向高处着眼，结果成功必不会大；只向高处着眼，不向低处下手，结果根基不固。有子便如此。言似夫子——只向高处着眼，没有低处下手功夫。曾子才也许不高，进步也许不快，但用力很勤，低浅处下手，故亲切。

儒家讲正心、诚意、修身、齐家、治国、平

天下。[1] 高处着眼，低处下手。最能表现此种精神、用此种功夫者，是曾子“吾日三省吾身”：

> 曾子曰：“吾日三省吾身：为人谋而不忠乎？与朋友交而不信乎？传不习乎？”
>
> （《论语·学而》）

“日”字，下得好。“三省”是说以“为人谋”“与朋友交”“传”三事反观。“身”，定名曰“身”，并非身体之身。曾子所谓“身”，并非身体，乃是精神一方面，“身”说的是心、行。这真是低处着手。人为自己打算没有不忠实的，但为人呢？“为人谋而不忠乎？”十个人有五双犯此病。“与朋友交而不信乎？”说谎是人类本能，若任其泛滥发展就成为骗

---

① 《礼记·大学》：“古之欲明明德于天下者，先治其国。欲治其国者，先齐其家。欲齐其家者，先修其身。欲修其身者，先正其心。欲正其心者，先诚其意。欲诚其意者，先致其知。致知在格物。物格而后知至，知至而后意诚，意诚而后心正，心正而后身修，身修而后家齐，家齐而后国治，国治而后天下平。”

人，所以当注意。“传不习乎”，“传”，传是所传，传授，动词；传，平声。朱注：“传，谓受之于师，习，谓熟之于己。”传，师所授；习，己所研。讲起来省事，说起来简单，但行起来可不容易。努力，努力，有几个真努力的？曾子是真想了，也真行了。缺点补充，弱点矫正，这是曾子反省的目的。

但余讲此节意不在此。

愈反省的人，愈易成为胆小、心怯；反之，愈是小心、胆怯的人，愈爱用反省功夫。余意以为：一方面用鞭拷问、鞭打自己灵魂，一方面还要有生活的勇气。能这样的人很少。曾子三省，就是自己鞭打自己灵魂。但往往拷打结果，失去生活勇气了。这不行。我要拷打，但我还要有生活下去的勇气，怎么能好？怎么能向上、向前？

在这一点，仍举《论语》：

季文子三思而后行。子闻之曰：“再，斯

可矣。”

（《论语·公冶长》）

“三思”之“三”，一、二、三之三，三，多次也。三思后行，前怕狼后怕虎，疑神疑鬼，干不了啦！一个文人干不了什么事，余初以为乃因文人偏于思想，没有做事能力，其实便是文人太好三思后行，好推敲，这样做事不行。禅家直下承当，当机立断，连“再”思都没有。

《北齐书·文宣纪》记，高洋，高欢之子，欢子甚多：

> 高祖（欢）尝试观诸子意识，各使治乱丝，帝（高洋）独抽刀斩之，曰：“乱者须斩。”

于是，欢以国事付之。

曾子有三思功夫，但还有生活勇气、做事精神。

一个大教主、大思想家都是极高的天才，有极丰富的思想，他们的思想是复杂的。许多他知道的，我们不知道，这真是平凡的悲哀。尼采（Nietzsche）[1]说："我怎么这么聪明呀!"（《瞧！这个人》）我们是：我怎么这么平凡啊！思想复杂，是从生活得来。他一个大思想家，是一个大的天才。但他的思想深刻，我们浮浅；他的眼光高，我们眼光低；他是巨人，我们是小孩儿，当然不能跟他赛跑。故颜渊曰：

> 夫子奔逸绝尘，而回瞠若乎后矣。
>
> （《庄子·田子方》）

> 夫子步，亦步也；夫子言，亦言也；夫子趋，亦趋也。
>
> （《庄子·田子方》）

---

① 尼采（1844—1900）：德国哲学家，唯意志论和生命哲学主要代表之一，提出"重新估定一切价值"，提倡"超人"哲学，强调权力意志。著有《悲剧的诞生》《不合时宜的思考》《查拉图斯特拉如是说》《善恶的彼岸》《道德的世系》《瞧！这个人》等。

“步”，常步；“趋”，小跑。（古时“步”是走，“走”是跑。）不是想到步，便说步；想到趋，便说趋，此中有层次。复杂是横面的，高深是纵的功夫。我们在横的方面，没有那样经验；在纵的方面，我们又没有天才眼光之高、思想之深。即以“君子”而论，《论语》中所论每节不同。他是巨人，我们不成，跟不上。他的话都道的是诸峰一脉，而我们费半天劲，甭说追不上，连懂都懂不了。有的事，我们干不了，可是懂得了、想得到；而《论语》之说君子，甭说办，连想也不成。如鸟飞，我们不能飞，但我们能想到，所以有的想象跟现实相差甚远。就算我们跟着他爬山，虽然他跑得快，我们慢，但还能爬。而若遇一深涧，他一抬腿过去了，我们过不去，打住了，怎么办？所以天才不可不有几分在身上。还不用说没天才，只小大短长之分，就够我们伤心的。

孔子我们跟不上，但曾子老实，与我们相近，你学尚易。我们要找头绪，抓住一点儿是一点儿。

我们不能攀高树枝，但可从低处攀起。我们要从曾子对君子的解释，看到孔子对君子的解释。

我们要知曾子对“君子”解释，先须观察曾子为人。主要是两段：即上所举一为“曾子有疾……”，一为“吾日三省吾身……”，此二章可见其为人与素日功夫。为人乃其个性，功夫即其参学。小心谨慎盖其天性，凡天才差一点儿的人没有不谨慎的。天才胆大，可不是妄为，他绝没错；天才稍差，便不可不小心，不可图省力。

既了解曾子为人，然后可看其对君子解释。

曾子所说的君子也是战兢小心吗？

平素用功要小心谨慎，否则根基不固，易成架空病，但是做人、做事需要大胆，若没大胆，不会做出大的事业来为人类、为自己。其实，为自己也就是为人类。

天下伟大的人，没有一个是“自了汉”的。中国儒家末流之弊，把君子讲成“自了汉”了。人不侵我，我不犯人，甚至人侵我，我亦不犯人，犯而不校。把自己藏在小角落里，这样也许天下太平，但现在世界不许人闭关做“自了汉”。

印度佛教到中国成为禅宗，禅宗末流也成“自了汉”。佛家精神是先知觉后知，自利、利他，自度、度他，所以做事业为自己，同时也是为人类。为他的成分愈多，所做事业也愈伟大，他的人格也愈伟大。

某杂志记有这样的事：天下最伟大的英雄是谁？有人提议用《大英百科全书》各名人传之长短为标准，观察结果以拿破仑（Napoleon）传最长，于是以拿破仑为最大英雄。但余意不然。拿氏虽非“自了汉”，乃“自大汉”，自我扩张者。天下英雄皆犯此病，但没有一个这样的英雄是不失败的。自我愈扩张便是要胀裂的时候，自我扩张结果至胀裂为止。亚历山大、拿破仑，皆然。他们倒是想着做事，但他们之做事是为了过瘾，过自私的瘾。这种人是混世魔王，所谓“一将功成万骨枯”（曹松《己亥岁》）。这种人不是“自了汉”，是“自大汉”，我们也不欢迎。

一个伟大的人做事，比任何人都多；而自私心比任何人都小——并非绝对没有自私心。

五、“託六尺之孤”，“寄百里之命”

以曾子之小心谨慎，他所说“君子”如何？

曾子在孔子门下是能继承道统的，只是小心谨慎不成。低处着手，是为高处着眼做准备，如登楼，为了要上最高层，不能不从一、二级开始。我们既没有天才那么长腿，又不甘心在底下待着，非一步步向上走不可。

“士不可以不弘毅……”，高处着眼。眼光多远，多精神，多高！再想到他的“吾日三省吾身”，那是小学，这是研究院了。从初小一年级到研究院相差甚远，然也是一级级升上来的。

再举一段更具体一点儿：

> 曾子曰："可以託六尺之孤，可以寄百里之命，临大节而不可夺也。君子人与？君子人也。"
>
> （《论语·泰伯》）

先不用说这点道理、这点精神，这点文章就这么好，陆机[①]《文赋》所谓"要辞达而理举，故无取乎冗长"。文章真好。一般说不完全，说不透彻，是没弄明白。"君子人与"一句，可不要，但非要不可。此所以为曾子，任重道远，不只是小心谨慎。三代而后，谁能这样？仅一诸葛亮。

颜渊从《论语》一书中看不出什么来，纵不敢说幽灵，也是仙灵。看不清楚。佛家偈颂[②]曰：

---

① 陆机（261—303）：西晋文学家，字士衡，吴郡吴县华亭（今上海市松江区）人，与其弟陆云合称"二陆"。所著《文赋》是我国文学批评史上第一篇系统阐述创作论的文章。

② 偈颂：又称偈子、颂语，梵语 Gatha 的意译，音译为伽佗、偈佗，指佛经中的唱颂词，通常为四句联结而成的韵文，用于教说的段落或经文的末尾。

海中三神山①，缥缈在天际。舟欲近之，风辄引之去。

（《揞黑豆集》卷首《拈颂佛祖机用言句》）

写得很美，神话中美的幻想。此为美的象征，象征高的理想。颜渊亦孔门一最高理想而已。至于有点痕迹可寻的，还是曾子。

曾子有点基本功夫，“吾日三省吾身”；然而他有他远大眼光，“士不可以不弘毅，任重而道远……”，读之真是可以增意气，开胸臆。

青年最怕意气颓唐，胸襟窄小。而增意气不是嚣张，开胸襟而非狂妄。增意气是使人不萎靡，青年人该蓬蓬勃勃；开胸襟是使人不狭隘，如此便能容、能进。曾子这几句真叫人增意气，开胸臆。

三省吾身，任重道远，合起来是苦行。然与禅

① 海中三神山：司马迁《史记·封禅书》：“自威、宣、燕昭，使人入海求蓬莱、方丈、瀛洲。此三神山者，其传在勃海中，去人不远，患且至，则船风引而去。”

宗佛门不同，他们是为己的，虽最早释迦亦讲度他，“自度、度他，自利、利他”。佛门及儒家到后来，路愈来愈窄，只有上半截——自度、自利，没有下半截——度他、利他。

苦行是为己，而曾子苦行不是为己，“仁以为己任”。

一己为人——仁，自己做一个人是仁，对己（己欲立，自度）；施之于人——仁，施之于人是仁，对人（立人、度人）。朱子讲“仁者，人心之全德”（此如佛家《楞严》之“圆妙明心”），余以为“心之全德”不如改为“人之全德”。“仁”字太广泛，“仁以为己任”，绝非为己。

要想活着，不免要常想到曾子这两句话“士不可以不弘毅”，“任重而道远”。至“可以託六尺之孤，可以寄百里之命”，真伟大起来了。

“六尺之孤”——国君（幼）；“百里之命”——国政。

“寄”，犹託也：“託”与“托”很相近，自托曰托，託人受託曰託。“寄”，暂存。

“临大节而不可夺”，梁皇侃①疏曰：“国有大难，臣能臣之，是临大节不可夺也。”（《论语义疏》）南朝北伐成功者，一桓温②、一刘裕③。桓温没造起反来，然亦一世跋扈；刘裕成功，归而篡位，是亦变节（自变）。受外界压迫、影响而变节曰“夺”。此言国有大难臣能死之，只说了一面。文天祥④、史可法⑤至今受人崇敬，便因临大难能死之。然家贫出孝子，国难显忠臣，何如家不贫、国无难？

---

① 皇侃（488—545）：南朝梁经学家，吴郡（今江苏苏州）人。著有《论语义疏》。

② 桓温（312—373）：东晋政治家，字元子，谯国龙亢（今安徽怀远西北）人。曾剿灭成汉，收复蜀地，后三次出兵北伐。晚年欲废帝自立，未果而死。

③ 刘裕（363—422）：字德舆，小名寄奴，祖居彭城（今江苏徐州）。废东晋恭帝司马德文，自立为帝，建立刘宋王朝，史称宋武帝。

④ 文天祥（1236—1283）：南宋文学家，字履善，后改字宋瑞，号文山，吉州庐陵（今江西吉安）人。宋端宗景炎三年（1278年）兵败被俘，拘于大都四年，从容就义。

⑤ 史可法（1601—1645）：明末政治家，字宪之，号道邻，河南祥符（今河南开封）人。1645年清兵围困扬州，拒降固守，城破被俘，不屈被杀。

愧无半策匡时难，惟余一死报君恩。①

死何济于事？依然轻如鸿毛，不是重于泰山。不死而降不可，只死也不成。这点朱子感到了，他说：

其才可以辅幼君，摄国政，其节即至于死生之际而不可夺，可谓君子矣。

（《论语集注》）

单单注意“才”字，要有这本领。程子②则不然，程子单注意节操。程子曰：

---

① 《明史纪事本末》卷八十《甲申殉难》载：“左副都御史施邦曜闻变恸哭，题词于几曰：‘愧无半策匡时难，但有微躯报主恩。’遂自缢。仆解之复苏，邦曜叱曰：‘若知大义，毋久留我死。’乃更饮药而卒。”清初颜元《性理评》一文提及明亡惨祸有言：“吾读《甲申殉难录》，至‘愧无半策匡时难，惟余一死报君恩’，未尝不凄然泣下也！至览和靖祭伊川‘不背其师有之，有益于世则未’二语，又不觉废卷浩叹，为生民怆惶久之。”

② 程子：即程颐。程颐（1033—1107），北宋理学家、教育家，字正叔，洛阳（今属河南）人，世称伊川先生。与其兄程颢合称“二程”，二人著作由朱熹等编为《二程全书》。

节操如此，可谓君子矣。

（《论语集注》引程子语）

曾子的话原是两面，前两句“託六尺之孤，寄百里之命”是积极的作为；后一句“临大节而不可夺”是消极的操守。真到国难，作为比操守还有用，可补救于万一；操守无济于事。

不是说不办坏事，是说怎么办好事；不是给人办事，是给自己办事。曹操求人才，便不问人品如何，只问有才能没有。曹操所杀皆无用之人，乱世无须如孔融①、杨修②等秀才装饰品。遇到曹操因死一人而哭的时候，那仅是真有才能的人。由此，可见曹操是英雄。

现在有操守固然好，而更要紧是有作为，“不患

① 孔融（153—208）：汉末文学家，字文举，鲁国鲁县（今山东曲阜）人。“建安七子”之一，曾任北海相，后因反对曹操，为曹所杀。

② 杨修（175—219）：汉末文学家，字德祖，弘农华阴（今陕西华阴东南）人。建安年间曾任丞相曹操主簿，后为曹所杀。

人之不己用，求为可用也”。鲁迅说三里路能走吗？四斤担能挑吗？[1] 自己没能，发什么牢骚？“居则曰，不吾知也。如或知尔，则何如哉？”（《论语·先进》，知——知用。）所以朱子讲得好。朱子生于乱世，北宋之仇不能报，而现在局面又不能持久，故先言“才”。程子生于北宋，不理会此点，而且程子人太古板。伊川先生为侍讲，陪哲宗游园，哲宗折柳一枝，伊川责之。[2] 其实不折固然好，折也没关系，何伤乎？书呆子，不通人情，不可接近。北宋末洛、蜀之争[3]，即程与东坡之争。东坡通点儿人情，看不起伊川。朱子乃洛派嫡系，而此点较程子强，即因所生时代不同。

正心、诚意、修身、齐家、治国、平天下。后

---

① 鲁迅《热风·随感录六十二》：“我们应该趁他们活着的时候问他：诸公！……四斤的担，您能挑么？三里的道，您能跑么？”

② 《宋史纪事本末》卷十：“帝尝凭槛偶折柳枝，颐正色曰：‘方春时和，万物发生，不当轻有所折，以伤天地之和。’帝颔之。”

③ 洛、蜀之争：北宋元祐年间以二程（程颢、程颐）为代表的洛学与以二苏（苏轼、苏辙）为代表的蜀学因学术分歧而导致的政治斗争。

世儒家只做到前三步。前三者是空言，无补；后几句是大言不惭。前三者不失为“自了汉”，后者则成为妄人。《宗门武库》[①] 云：

> 儒门淡薄，收拾不住，皆归释氏焉。[②]

就算我们想做一儒家信徒，试问从何处下手？在何处立脚？只剩一空架子，而真灵魂、真精神早已没有了。

《论语·阳货》有言：

> 诗可以兴。

---

① 《宗门武库》：宋代禅宗临济宗禅师大慧宗杲言说、弟子道谦纂辑的禅宗古德言行录。

② 《宗门武库》：“王荆公一日问张文定公（张方平）曰：‘孔子去世百年，生孟子亚圣，后绝无人，何也？’文定公曰：‘岂无人？亦有过孔孟者。’公曰：‘谁？’文定曰：‘江西马大师、坦然禅师、汾阳无业禅师、雪峰、岩头、丹霞、云门。’荆公闻举，意不甚解，乃问曰：‘何谓也？’文定曰：‘儒门淡薄，收拾不住，皆归释氏焉。’”

岂但诗，现在一切事皆有待于兴。兴，是唤醒；兴，起来了。一种是心中有思想了，一种是在形体上有了作为、行为。譬如作诗，不是该不该的问题，是兴不兴的问题。

书怕念得不熟，也怕念得太烂。亦如和尚念南无阿弥陀佛①，他自己懂吗？厌故喜新不是坏事，是一件好事；否则，到现在我们还是椎轮大辂，茹毛饮血，巢居穴处。而现在，我们进步了，这都是厌故喜新的好处。有这一点心情推动一切。

新的是新；在旧的里面发现出新来，也是新。儒家教义没有新鲜的了，所以淡薄没味，都成为臭文，当然陈旧了。所以，现在需要“兴”。

死人若不活在活人心里，是真死了；书若不在人心里活起来，也是死书，那就是陈旧了，成为臭文了，一点儿效力也没有了。我们读书不是想记住

---

① 南无阿弥陀佛：阿弥陀佛，梵语 Amitabha 音译，意译为无量寿佛或无量光佛，指西方极乐世界教主。“阿弥陀佛”后来成为净土宗持名念佛的佛号。南无，梵语 Namas 音译，表示归命、敬礼。净土宗常将其冠于“阿弥陀佛”之前，用作持名念佛的敬称。

几句话，为谈话时壮自己门面。

君子“可以託六尺之孤，可以寄百里之命”，如此则君子并非“自了汉”，还可以兴，可以活。

读《论语》上述曾子“可以託六尺之孤，可以寄百里之命”一段话，真可以唤起我们一股劲来，想挺起腰板干点什么。

六、“以友辅仁”与“为政以德”

曾子曰：“君子以文会友，以友辅仁。”

（《论语·颜渊》）

孔安国[①]曰：“友以文德合也。”又曰：“友有相切磋之道，所以辅成己之仁也。”（何晏《论语集解》引孔安国注）

朱注：“讲学以会友，则道益明；取善以辅仁，则德益近。”（《论语集注》）

① 孔安国：西汉经学家，字子国，原鲁国曲阜（今山东曲阜）人。与董仲舒齐名，著有《论语训解》等。

佛是神秘，禅是玄妙，但禅宗中有“平实”一派。惟孔门不曰“平实”，而曰“中庸”。儒家未尝不玄妙，但他们避讳这个。治学在思想方面不要因他写得玄妙就相信，许多道理讲来都很平实，在文学方面不要以为艰深便好；简明文字，力量更大，但不是浮浅。文章绕弯子是自文其陋。

然越平常的字越难讲。

文 ——→ 友 ——→ 仁

“以文会友，以友辅仁”，“友”为上下二句连索。

凡“文”是表现于外的，文章礼仪。孔门四科：德行、言语、政事、文学(《论语·先进》)，孔门重视行为（表现），咱们现在是知识。《论语·颜渊》云：

博学于文，约之以礼。

“文”与“礼”为二，此“文”与今所谓学问相似。

人与人之相联系，盖都因表现于外（表现于外者如礼仪、学问……）这一点，故曰“以文会友”。但并没做到此为止，因文而结合，而结合不为此，乃欲以“辅仁”。（现在是以利会友，以友取利。）

季康子问政于孔子。孔子对曰：“政者正也。子帅以正，孰敢不正？”

（《论语·颜渊》）

季康子患盗，问于孔子。孔子对曰：“苟子之不欲，虽赏之不窃。”

（《论语·颜渊》）

季康子问政于孔子曰：“如杀无道，以就有道，何如？”孔子对曰：“子为政，焉用杀？子欲善而民善矣。君子之德风，小人之德草，草上之风，必偃。”

（《论语·颜渊》）

此即政治上个人主义。

然此与西洋不同，西洋只是竭力发展自己，不管好坏善恶；孔门个人主义乃自我中心，并非抹杀旁人，抹杀万物，不过以自己为中心就是了。修、齐、治、平的道理也由此而出。

也可以说这是政治上唯心主义。

若唯物是内旋，，自外向内，自远而近，自物而心。唯物史观特别注意历史，同时非常注意环境背景，前者（历史）是纵的，后者（环境背景）是横的。他研究历史注重在演变，以古推今。

而唯心无论在政治上、哲学上皆并非唯心就完了，涅槃是唯心的顶点。儒家唯心是外旋的，修、齐、治、平，并非自己成一“自了汉”便拉倒。

“子帅以正”，“帅”，跑在头里！这是儒家、道家不同之处。老子三原则是“慈”“俭”“不敢为天下先”（《道德经》六十七章）。“不敢为天下先”，是儒、道不同之一点，由此而成为杨朱[1]之“拔一

---

① 杨朱：战国初哲学家，字子居，又称杨子、阳子居、阳生。杨朱反对儒墨，主张贵生重己。《孟子·尽心上》有言：“杨子取为我，拔一毛而利天下，不为也。墨子兼爱，摩顶放踵利天下，为之。”

毛而利天下不为”。“不为天下先”，是不为福首，不为祸始。而老子“不为天下先”有意思，他以为这样倒可替天下干点事；若“为天下先”，结果连我也掉在火里。“欲取故与”，“欲擒先纵”，老子“不敢为天下先”正所以为天下先。大家围着他转、跟着他跑，但不能露出痕迹；后来一转为消极，无作、无为，此非老子本意。如某妇遣女曰：“慎勿为善。”某女曰：“然则为恶乎？”母曰：“善尚不可，欲恶乎？”① 此即老子“不敢为天下先”之一转为“无为”；至杨朱之“拔一毛利天下而不为”，乃老子三转。现在多是这种人，无为之人已很少，至于老子原意没人做到。

“子帅以正”，孔子心里想什么，口里说什么，这一点以勇气论，儒家超过道家；以聪明论，儒家不如道家。

---

① 刘义庆《世说新语·贤媛》：“赵母嫁女，女临去，敕之曰：‘慎勿为好！’女曰：‘不为好，可为恶邪？’母曰：‘好尚不可为，其况恶乎！’”

文学不容易说出自己话来，往往说出也不成东西。孟子说孔子：

> 圣之时者也。
>
> （《孟子·万章下》）

这话该是赞美之意。“江汉以濯之，秋阳以曝之。皓皓乎不可尚矣。”（《孟子·滕文公上》）“圣之时者”，没有恶意。但便因此句使孔子挨了多少骂，说孔子为投机分子，“是亦不思而已矣”（朱熹《孟子精义》）。

为时势所造之英雄固为投机分子，即造时势之英雄也未免有投机嫌疑。总之，无此机会造不成此时势。假如我们生于六朝，敢保我们不清谈吗？生于唐，敢保我们不科举诗赋吗？宋之理学、明清八股，皆投机也。使现代人不坐汽车、火车，非要坐椎轮大辂、独木舟，倒不投机，但这算什么人了？我们现在作白话文，岂非也是投机？

我们是得拿我们自己的眼来批评、观察了，而且还该用自己力量去作。投机、投机，不投机，落伍怎么好呀！《吕氏春秋》论邓析子云：

> 无功不得民，则以其无功不得民伤之；有功得民，则又以其有功得民伤之。①

此即《左传》“欲加之罪，何患无辞”。要说“时”字是投机，谁不投机呢？说不投机，便不是投机。夏日则饮水，冬日则饮汤，这也是投机吗？夏雷冬雪，岂非也投机？这不投机不行。

大概孔子在他那时是崭新的见解。哲学与文学一样，自其不变而观之，则万物皆定于一；自其变

---

① 《吕氏春秋·审应览·离谓》：“洧水甚大，郑之富人有溺者，人得其死者。富人请赎之，其人求金甚多。以告邓析，邓析曰：‘安之。人必莫之卖矣。’得死者患之，以告邓析，邓析又答之曰：‘安之。此必无所更买矣。’夫伤忠臣者，有似于此也。夫无功不得民，则以其无功不得民伤之；有功得民，则又以其有功得民伤之。”邓析（前 545—前 501），春秋末法家先驱、名家，郑国人。他“以非为是，以是为非”“操两可之说，设无穷之词”，对后来的辩者颇有影响。

者而观之，则日新月异，是创作。“定于一”（《孟子·梁惠王上》）与“日新月异”是一个是两个呀？今之人犹古之人，今之世犹古之世，不变；古者茹毛饮血，现在烹调五味，日新月异。孔子的政治、哲学，真是崭新崭新的。现在看起来是迂阔、绕弯子，不着实际，否则就是落伍，虽然现在看来未尝不新。（旧同新，有时也相通。）

我们读《论语》，又不想拿孔子抬高自己身价，想也不肯，肯也不能。我们读《论语》，不想迂阔落伍，但也不想被人目为投机。人活着，只有混容易。其实，混也要费点心思、拿点本事，何尝容易？

天下事进化难说，有的由繁趋简，有的由简趋繁。字由繁趋简，文由简趋繁。

> 子适卫，冉有仆。子曰：“庶矣哉！”冉有曰：“既庶矣，又何加焉？”曰：“富之。”曰：“既富矣，又何加焉？”曰：“教之。”
>
> （《论语·子路》）（仆，御车；庶，众也。）

子贡问政。子曰："足食，足兵，民信之矣。"子贡曰："必不得已而去，于斯三者，何先？"曰："去兵。"子贡曰："必不得已而去，于斯二者，何先？"曰："去食。自古皆有死，民无信不立。"

（《论语·颜渊》）

冉有①是想着做事的，近于事功。曾子精力多费在修养上，是向内的、个人的。冉有是向外的，对大众有影响，故对政治留心。

一庶，二富，三教

"庶"（人口多）不是最终目的，要"富之"，最终"教之"。

"教"，连朱子都以为是立学校，此教未尝无立

① 冉有（前522—前489）：冉氏，名有，字子有，春秋时期鲁国人。孔门十哲之一，以政事著称。

学校之意，但还不仅是知识；教未尝没有教育之意，但孔子尚非此意。孔子所谓教是“教以义方”（《左传》）。现在教育只教知识，不教以“义方”。“义”之为言，宜也；“方”之为言，向也，向亦有是非之意。明是非，知礼义，有廉耻。孔子盖以此较知识尤为重要，否则知识只使其成为济恶之工具。“教之”不仅立学校，立学校也不仅读书识字。

“自古皆有死，民无信不立”，真结实，也真有味。结实，有味，二者难以兼有，但《论语》真是又结实又有馀味。老子说话不老实，而无馀味。冉有问政是“加”，子贡问政是“去”，夫子说来又结实又有味。

古本《论语》“民信之”上有“令”字，“令民信之”，“之”指为政之人，有“令”字好。“民无信不立”，立：（一）立国；（二）存在。总之，在上位的人要得民心。得民众拥护也有失败，但民众对失败原谅，对错事了解，因为民众信得及他。能信故能得人拥护，若不得人拥护，办好也是不好。

庄子真是思想家，中国思想非玄不可。别国“玄”是复杂，而中国玄妙在简单中。如佛学，佛家虽是宗教家，实是思想家，能想象又极能分析。佛学传入中国，修佛者成为净土，简单化了；解的人成为禅宗。无论修中净土、解中禅宗，皆不用佛之丰富想象、琐碎分析。

孔子不玄。最注重实际，日用平常，所以结果是平易近人。好处，人人觉得他可亲；坏处，使人易视他（虽不见得轻视）。其实，儒家之日用平常、平易近人，道理虽非懂不完、知不尽（一看就懂），可是永远是我们行不尽、用不尽的。

《子路》中第十三“子适卫，冉有仆”一章可与《颜渊》“子贡问政”章参看。“冉有仆”一章，一庶（人众多），二富，三教（乃教育哲学）。“子贡问政”一章，按文章次序：一食、二兵、三信；按重要分，则：一信、二食、三兵。精神不能脱离物质而独立，物质缺乏能造成人道德之堕落。犯法罪人多为物质缺乏的结果，穷生奸邪，富长良心。

推而广之，扩而充之：以个人为出发点——→天下，以物质出发点——→精神。并非离开个人而能有天下，也不能离开物质而言精神。

子曰："为政以德，譬如北辰，居其所而众星共之。"

（《论语·为政》）

现在只讲势力、人多势众，不讲修养。修养是个人的。现在团结若说为一个主义信仰，还要修养。现在人根本谈不到信仰，只是为势力而势力。

孔子之说法不行。一因现在时代不同，一因若曰个人作起，"俟河之清，人寿几何"（《左传·襄公八年》子驷引《周诗》）？所以孔老夫子显得迂阔。但若想根深蒂固，还非从个人精神修养下手不可，否则其兴也勃，其亡也忽。我们做事太书呆子气，不太世故。世故使人不能成为书呆子，而书呆子往往不能去做事。现在是要成一种势力，而领导此势力的人必须有崇高人格修养才配做领袖。“为政以德”，自己精神修养至完善境界便是德。“为政”是天下事，而曰“以德”，还是以个人作基础“而众星共之”。“居其所”是他的精神，“众星共之”，做成一种势力。而要造成一种势力，先要有纯洁、高尚的人格才能永久。而往往有修养的人，无办事能力；能办事的人，无修养。

附：《论语》断说

释“孟敬子问病”

曾子有疾，孟敬子问之。曾子言曰：“鸟之将死，其鸣也哀。人之将死，其言也善。君子所贵乎道者三：动容貌，斯远暴慢矣。正颜色，斯近信矣。出辞气，斯远鄙倍矣。笾豆之事，则有司存。”

（《论语·泰伯》）

“曾子言曰”，与《论语》体例不合，多一“言”字。

“孟敬子问之”，“问”，疑问、问讯、问候。小孩子游山水，问山如何、水如何，也不知道他所看是水里有条鱼还是路上有乞丐。

人孟敬子来问病，曾子何必说这个？这么多事！不像曾子干的。

“君子所贵乎道者三”，“道”者，汉儒郑康成①曰：“道，礼也。”存于心者为道，现于外者为礼，道与礼压根两回事。

“动容貌”“出辞气”，“动”与“出”是两面的，“正颜色”是一面的，这与文法修辞不合。“远暴慢”“远鄙倍”——“斯远”，故用“动”“出”，两面；“近信”——“斯近”，故用“正”，一面。勉强讲过去了。但何以“出辞气，斯远鄙倍矣”？

① 郑康成（127—200）：郑玄，字康成，北海高密（今属山东）人。东汉经学家，著有《毛诗笺》《论语注》等。

谦与骄

子曰："学如不及，犹恐失之。"

（《论语·泰伯》）

骄傲、自负，可使人有勇气；而过分的骄傲是狂妄。只有骄气、没有实力，是说大话、使小钱。过分的谦虚（虚伪的谦虚）与过分的骄傲同样要不得。"学如不及，犹恐失之"，"学，然后知不足"（《礼记·学记》），这是真的谦虚。

“吾与点也”

《论语·先进》篇中“子路[1]、曾皙[2]、冉有、公西华[3]侍坐”章，以每个人说的话表现此人物的性格，正如《阿Q正传》中阿Q的话，《水浒传》中李逵的话。阿Q偷了静修庵的萝卜，被老尼姑抓住，阿Q说：“我什么时候跳进你的园里来偷萝卜了?”还指着兜在大襟里的萝卜说：“这是你的?你能叫得他答应你么?”李逵从梁山上下来接老娘，在山里老娘却被老虎吃了，李逵说：“我千辛万苦背到这里，却把来与你吃了!”活画出阿Q、李逵的性格。

---

① 子路（前542—前480）：仲氏，名由，字子路，又字季路，春秋时期鲁国人。孔门十哲之一，以政事著称。

② 曾皙：曾氏，名点，字子皙，曾参之父，春秋时期鲁国人。孔门七十二贤之一。

③ 公西华（前509—?）：公西氏，名赤，字子华，春秋时期鲁国人。孔门七十二贤之一，以长于祭祀之礼、宾客之礼著称。

子曰："以吾一日长乎尔，毋吾以也。居则曰，不吾知也。如或知尔，则何以哉？"

语言婉转、跳动。孔子主张兼善天下，如抓不到政权就独善其身。曾皙所言"莫春者，春服既成，冠者五六人，童子六七人，浴乎沂，风乎舞雩，咏而归"，正中孔子不能兼善之时之下怀，故"喟然叹曰：'吾与点也。'"赞同曾皙之言，实是无奈之语。

"丘不与易也"

（桀溺）曰："滔滔者，天下皆是也，而谁以易之？且而与其从辟人之士也，岂若从辟世之士哉？"耰而不辍。子路行以告。夫子怃然，曰："鸟兽不可与同群。吾非斯人之徒与而谁与？天下有道，丘不与易也。"

（《论语·微子》）

孔子是热心事业的，要改良社会，然而孔子又非仅一政治家，同时乃哲学家，如孔子在川上，见逝者如斯，而感叹世事之无常。

子在川上曰："逝者如斯夫，不舍昼夜。"(《论语·子罕》）不但意味无穷（具有深刻哲理），而且韵味无穷（富有深厚诗情）。

《中庸》说解

“公案”“话头”，话头即前言，公案即经行。

《云门广录》卷中记云门①一则公案：

> 举②世尊初生下，一手指天，一手指地，周行七步，目顾四方，云：天上地下，惟我独尊。师云：“我当时若见，一棒打杀与狗子吃却，贵

① 云门（864—949）：唐代高僧，名文偃，号匡真，开创禅宗云门宗。因居韶州云门山光奉院，世称云门文偃。

② 举：禅宗语录常于一则之前著一“举”字，意为“特意举出”，然后加以评说。

图天下太平。”

疑（一切法），悟（佛法）；小疑，小悟；大疑，大悟。如此是学。

一切烦恼皆是菩提种子，自己想错了，都比说别人道理说对了强。

《论语·述而》：“不愤不启，不悱不发。”《孟子·公孙丑上》：“勿忘，勿助长。”如此是教学。

一、《中庸》发端

《中庸》之由来

《汉书·艺文志·六艺略》著录《礼》十三家，五百五十五篇，中有《中庸说》二篇，其下颜师古[①]注云："今《礼记》有《中庸》一篇，亦非本《礼经》，盖此之流。"

《汉志》无"礼记"之名，而单称《记》，《记》

① 颜师古（581—645）：隋唐训诂学家，名籀，字师古，京兆万年（今陕西西安）人。著有《汉书注》《急就章注》《匡谬正俗》等。

百卅一篇。《记》百卅一篇，班氏[①]自注："七十子后学者所记也。"总之是儒家嫡派。

至宋，朱子始自《小戴礼记》单提出《大学》《中庸》两篇，与《论语》《孟子》合称"四书"。（《大学》，亦《小戴礼记》的一篇。）故欲讲《中庸》，先讲《礼记》。

朱子以《礼记》为秦汉诸儒详解仪礼之书。梁任公[②]先生以为《礼记》乃研究战国秦汉儒家思想之重要史料。（《礼记》不能算儒家思想史，乃史料。）

礼——形式，礼必合乎理。然《中庸》但讲"理"而不讲"礼"。理，偏于思想——内；礼，偏于形式——外。故礼虽合理，然讲礼时不讲理。

孔子后，儒家思想分荀、孟两大派。《礼记》与

---

① 班氏：班固。班固（32—92），东汉史学家、文学家，字孟坚，扶风安陵（今陕西咸阳）人。所著《汉书》为我国第一部纪传体断代史。

② 梁任公（1873—1929）：梁启超，字卓如、任甫，号任公，又号饮冰室主人，广东新会（今江门市新会区）人。中国近代启蒙思想家、学者，一生著述颇丰，有《饮冰室合集》。

荀子甚有关，尝抄荀子《劝学》篇二三百字之多，故《礼记》与《荀子》相近，此不得不承认。然就《中庸》考之，则又抄《孟子》。总之，《礼记》乃孟、荀之后学者所记。

以上说《礼记》与儒家思想。

在《礼记》中，《大学》《中庸》两篇为研究儒家思想的重要史料，朱子摘此二篇使之独立，与《论语》《孟子》并称“四书”，诚有见解。

《中庸》所以列于《礼记》

近代心理学家有所谓行为派，礼便是讲儒家的“行”。无论心地如何光明、品格如何高尚、经济如何广大，皆可自行为（礼）观之。

行为，合乎“礼”，即合乎“仁”。（仁，人也。标准的人即完全的人。）仁、礼有内、外之分，而非二：有内在的仁，便有外在的礼；有外在的礼，便有内在的仁。《论语》颜渊问仁：

> 子曰："克己复礼为仁。一日克己复礼，天下归仁焉。为仁由己，而由人乎哉？"颜渊曰："请问其目。"子曰："非礼勿视，非礼勿听，非礼勿言，非礼勿动。"
>
> （《论语·颜渊》）

宗教仪式、宗教戒律，皆礼也，限制身，所以限制心，使其合乎最高境界标准。佛所谓戒律，今所谓仪式，即儒家所谓礼。孔子所谓视、听、言、动，佛所谓行、住、坐、卧，皆有礼。唐有道宣律师得道，每日天厨送天食。窥基大师闻之，（窥基，乃尉迟敬德之侄，唐三藏弟子。后之唯识派宗之，主三界唯心、万法唯识，与近代哲学家认识论近似。窥基建唯识派，锡杖上挂酒肉。）至道宣律师处居三日，天厨不送天食。后窥基走，天厨始来，曰："真菩萨在此，不敢至。”①

一部《礼记》皆讲外在的礼，惟《中庸》篇讲内在思想。然则《中庸》一篇为《礼记》一书之灵魂，读《礼记》不读《大学》《中庸》，则只有躯壳，无灵魂。故孔子说：

> 礼云礼云，玉帛云乎哉？
>
> （《论语·阳货》）

明乎此，则明《中庸》所以列于《礼记》矣。玉帛所以成礼，而非所以为礼。林放②问礼之本（玉帛乃礼之末），子曰：

---

① 《神僧传》卷六：“初宣律师以弘律感天厨供馔，每薄基三车之玩不甚为礼。基尝访宣，其日过午，而天馔不至。及基辞去，天神乃降。宣责以后时，天神曰：‘适见大乘菩萨在此，翊卫严甚，故无自而入。’宣闻之大惊，于是遐迩增敬焉。”律师，佛教对通晓律藏之僧的称呼。道宣（596—667），字法遍，开创中国佛教以研习及传持戒律为主的南山律宗，集律宗之大成，世称南山律师。窥基（632—682），字洪道，17 岁奉敕替唐太宗出家为玄奘弟子，居大慈恩寺随玄奘学梵文和佛教经论。因其著述常题名基，或大乘基，后人称为窥基。

② 林放：林氏，名放，字子丘，春秋时期鲁国人。传为孔门七十二贤人之一，以知礼著称。

大哉，问！礼，与其奢也，宁俭。

（《论语·八佾》）

千里送鹅毛，物轻情意重。

仁必用礼来表示，故重“行”，礼与行有关：

子曰：“君子义以为质，礼以行之。”

（《论语·卫灵公》）

子曰：“君子博学于文，约之以礼。”

（《论语·雍也》）

子曰：“……依于仁，游于艺。”

（《论语·述而》，“游于艺”即文）

颜渊喟然叹曰：“……夫子循循然善诱人，博我以文，约我以礼。”

（《论语·子罕》）

“约”，束之也，使之就范、上轨道。然行与约，其礼之本与？制度、仪式，皆其末也，只是外表。

如此，则《礼记》一书可分两大部分：一讲仪式，如《仪礼》《曲礼》《内则》《丧服》等篇，是外；二讲如《大学》《中庸》《经解》等篇，是内，是礼之本。

中庸与儒家思想

儒家思想代表人物孔子。孔子重学。

《论语》第一章开篇：

> 子曰：“学而时习之，不亦说乎？有朋自远方来，不亦乐乎？人不知而不愠，不亦君子乎？”
>
> （《论语·学而》）

又曰：

学而不思则罔，思而不学则殆。

（《论语·为政》）

“罔”，如网，惑也；“殆”者，危也。“学”与“思”，看似二者并重；而孔子实重视“学”，认为“学”比“思”重要：

子曰：“吾尝终日不食，终夜不寝，以思；无益，不如学也。”

（《论语·卫灵公》）

而夫子所谓“学”，所学何事？

子曰：“……五十以学《易》，可以无大过矣。”

（《论语·述而》）

孔子之所谓“学”与行有关，故学与习有关。

一回是偶然，久则必然，故与习有关，所以学与行有关。

孔门之学经意在行，且绝不大言欺人，重在“易行”，其学必重“行”，故取易知、易行。《中庸》不易知、不易行，是儒家思想，不是孔门思想。

宋王晋卿得耳疾，求方于东坡，东坡回信曰：“限三日疾去，不去，割取我耳。”晋卿悟，病已，与东坡诗：“我耳已聪君不割，且喜两家皆平善。”①

can 能

shall（should）会

must 必

① 赵令畤《侯鲭录》卷三引东坡语：“王晋卿尝暴得耳疾，意不能堪，求方于仆。仆答之曰：‘君是将种，断头穴胸，当无所惜。两耳堪作底用，割舍不得！限三日疾去，不去，割取我耳。’晋卿洒然而悟，三日，病良已，以诗示仆云：‘老婆心急频相劝，令严只得三日限。我耳已聪君不割，且喜两家皆平善。’”王诜（1036—1093后），字晋卿，太原（今属山西）人。能诗擅词，精于书画，广交苏轼、黄庭坚、米芾、秦观、李公麟等文士。

may 可

will（would）肯

老子曰：

吾言甚易知，甚易行。天下莫能知，莫能行。

（《道德经》七十章）

老子所谓“能”，当译为would，肯义。“后其身而身先，外其身而身存”（《道德经》七章），不是不能，是不肯。老子云：“水善利万物而不争。”（《道德经》八章）子贡所谓“君子恶居下流”（《论语·子张》），与老子所指非一，子贡在水上看出一个不应该，老子看出一个应该。老子是败中取胜，世人但欲身先身存，不肯后、外。

孔子道理易知、易行，从来不说莫能知、莫能行。《中庸》不是孔子思想，而不能不承认其为儒家嫡传，亦犹禅宗之于佛。

禅宗有“平实”一派，后人讥之曰“无事甲里坐地”。[①]（见《宗门武库》，《宗门武库》乃禅家最后一大师宗杲大师[②]语录。）“无事甲里坐地”，白受罪也没干了什么。而佛曰“放下屠刀，立地成佛”（立地，犹立着也）。

所有道最忌讳“知”，须要“悟”。想学游泳，只读游泳教科书绝不能会，需要到水里淹一淹，即因但“知”不行。知是旁观的，悟是亲身体验的。学佛须亲眼见佛，须是亲见始得，常人病在不亲，皆是旁观，“悟了同未悟”（提多迦尊者语）。[③]

参——疑——悟

---

① 《宗门武库》：“晦堂和尚谓学者曰：‘尔去庐山无事甲里坐地去，而今子孙门如死灰，良可叹也。’”晦堂和尚，即宋代临济宗黄龙派晦堂祖心。庐山，代指临济宗黄龙派东林常总禅师。

② 宗杲大师（1089—1163）：字昙海，号妙喜，孝宗赐号“大慧”。宋代临济宗禅师，看话禅代表人物。

③ 《五灯会元》卷一载提多迦尊者传法偈：“通达本法心，无法无非法。悟了同未悟，无心亦无法。”提多迦尊者，摩伽陀国人，其姓未详，古印度高僧。

不参、不疑，不足以言学。大疑，大悟；小疑，小悟。悟了，“悟了同未悟”。

赵州八十犹行脚，只为心头未悄然。
及至归来无一事，始知空费草鞋钱。
（张商英《赵州从谂禅师公案诗》）

尽日寻春不见春，芒鞋踏遍岭头云。
归来笑拈梅花嗅，春在枝头已十分。
（宋尼悟道诗）

先是疑，后是悟。山何以是山，水何以是水，如此是山，如此是水。

学佛在悟，学儒在行，三岁孩儿道得，八十老翁行不得。① 孔子所谈甚易知、甚易行，《中庸》所

① 《稽古略》卷三载白居易见鸟窠禅师事：“元和间，白侍郎居易由中书舍人出刺杭州，闻师之道。因见师栖止巢上，乃问曰：‘师住处甚险。’师曰：‘太守危险尤甚。’曰：‘弟子位镇山河，何险之有？’师曰：‘薪火相交，识性不停，得非险乎？’曰：‘佛法大意如何？’师曰：‘诸恶莫作，众善奉行。’曰：‘三岁孩儿也解恁么道。’师曰：‘三岁孩儿虽道得，八十翁翁行不得。’侍郎钦叹，数从问道。”

说不易知、不易行。

白杨顺和尚病中示众：

> 久病未尝推木枕，人来多是问如何。
>
> 山僧据问随缘对，窗外黄鹂口更多。①

道可遇而不可求。禅之所以为禅，即因从世谛（世法）看去是没道理不可解的。

> 世法——出世法

吾辈不出家，固无须出世法，然有时须打倒世法，如此方能勇猛精进。看苹果落地者，何止千万；而发现地心引力者，仅牛顿（Newton）一人。人皆

---

① 《五灯会元》卷二十载白杨法顺事："因病示众：'久病未尝推木枕，人来多是问如何。山僧据问随缘对，窗外黄鹂口更多。只如七尺之躯甚处受病？众中具眼者，试为山僧指出病源。'众下语皆不契。师自拊掌一下，作呕吐声，又云：'好个木枕子。'"白杨顺和尚（1076—1139），即白杨法顺，南北宋之交著名禅师。因曾于临川白杨寺弘法，世称白杨法顺或白杨顺和尚。

是凡夫，牛顿是勇猛精进。一切皆用世法看，既辜负天地间现象，亦辜负自己心灵。无论何种事业，创立特别学说者多非常人，虽有流弊，然不可忽视其一片苦心。

用世法看，天地间事物皆相对的。文学、哲学、科学最高境界皆是打破世法的，一切学问精妙之处皆是绝对的。子曰：

> 吾道一以贯之。
>
> （《论语·里仁》）

佛说“阿耨多罗三藐三菩提”，皆是此意。阿，梵文音译，相当“无”字。“阿耨多罗三藐三菩提”，意译“无上正遍知”。“遍”，绝对，即儒家所谓“一”。无所不用其“一”，不一，不能成为力（常）、知（儒所谓德、道）。“道可道，非常道；名可名，非常名”（《道德经》一章），不可用世法看。一切学问最高境界皆是“一”，大无不包，细无不举。不是一，便不是绝对的，而是相对，须“定于一”（《孟子·梁惠王上》）。

咱把性命交与了上苍，此非消极，而是积极。子曰：

> 天生德于予，桓魋其如予何！
>
> （《论语·述而》）

> 天之未丧斯文也，匡人其如予何！
>
> （《论语·子罕》）

一头倒在娘怀里，是有信仰，此绝非消极。而消极即积极，积极即消极，是绝对，非相对。

> 十分筋力夸强健，只比年时病起时。
>
> （辛弃疾《鹧鸪天·重九席上再赋》）

如今病起衰颓甚，只似年前带病时。

（苦水仿辛词之断句）[1]

六朝思想发达而非儒家正统，虽然佛已染上东方色彩，老已染上儒家色彩，而究竟是佛老，魏晋六朝唐对义理之学无可发见。宋之义理之学，虽非绝后，而的确空前。宋人性理之学（道学），只做到孔门之学一半，只知不行。至明王阳明[2]识“知行合一”[3]，始悟宋儒之弊。（宸濠之乱[4]，王阳明一役而平。吾人固不能以成败论英雄。）王阳明第一次贬官贬为贵州龙场驿丞，作有《瘗旅文》。“若使忧能伤人，此子为不得永年矣。”（孔融《论盛孝章书》）忧，即佛家所谓“无明”（愚）。阳明少年进士，遭

① 此二句未见于《顾随全集》。

② 王阳明：即王守仁。王守仁（1472—1529），明代哲学家、教育家，字伯安，号阳明子，世称阳明先生，余姚（今属浙江）人。著有《传习录》《大学问》等。

③ 知行合一：王阳明《传习录》卷上：“某今说个知行合一，正是对病的药。”

④ 宸濠之乱：明武宗正德十四年（1519 年），宁王朱宸濠发动叛乱，试图推翻武宗朱厚照政权，不久被王阳明平定。

此打击而能不死，是无忧，而非麻木。鲁迅先生说，可怕的是使死尸自己站起来，看见自家的腐败。[①] 而孔夫子是“知其不可而为之”（《论语·宪问》），可见老夫子是何等精神，即在前两种情境中杀出一条路来。看见自己腐败，为的是使自己不腐败，而结果仍不能免。糊涂的，浊气，固不行；聪明，思前想后，亦不行，必能用聪明打破无明，杀出一条路来始可。如明末黄梨洲[②]、顾亭林[③]，真了不得，能知能行。黄梨洲作有《原君》《原臣》，在专制时代能有此思想，真不易。明清之能超过宋理学，即因知行合一。

唐宋以来思想多受佛家影响，朱子讲义理多与佛家暗合。后世不受佛的思想影响者甚少。或曰阳

---

① 鲁迅《坟·娜拉走后怎样》：“为了这希望，要使人练敏了感觉来更深切地感到自己的苦痛，叫起灵魂来目睹他自己的腐烂的尸骸。”

② 黄梨洲：即黄宗羲。黄宗羲（1610—1695），明清之际思想家、史学家，字太冲，号南雷，又号梨洲，世称南雷先生或梨洲先生，浙江余姚人。著有《明儒学案》《宋元学案》《明夷待访录》等。

③ 顾亭林：即顾炎武。顾炎武（1613—1682），明清之际思想家、学者，初名绛，明亡后改炎武，字宁人，号亭林，学者尊称亭林先生，江苏昆山人。著有《日知录》《音学五书》《顾亭林诗文集》等。

明学即禅，而其最与禅不同者，即“行”之一字。能知即应能行，能知而不能行等于不知。如钱，花得不当是浪费，有而不花等于没有。(但视其合理与否，不必管是禅与否。)

读佛教书不但可为吾人学文、学道之参考，直可为榜样。其用功（力）之勤、用心之细，皆可为吾人之榜样。然禅宗亦有弊病。自六祖来，主张自性是佛，即心即佛，心即是佛，① 能悟则立地成佛。然即使能如此，又将如何？亦不过单为一“自了汉”而已，即孟子所谓“唯我”②。然《孟子》亦言“使先知觉后知，使先觉觉后觉”（《万章上》），所谓一切众生皆得成佛。

自度——度人

---

① 《祖堂集》卷二载六祖惠能以“即心即佛”开示弟子：“汝等诸人自心是佛，更莫狐疑，外无一物而能建立，皆是本心生万种法。故经云：心生即种种法生，心灭即种种法灭。”

② 唯我：此说见于《孟子·尽心上》：“万物皆备于我矣。”此一命题学者或谓之唯我论。

自悟——悟人

自利——利他

后来和尚只做到自度、自悟、自利，是知；度人、悟人、利他、觉后知、觉后觉，是行。儒家“穷则独善其身，达则兼善天下”（《孟子·尽心上》）。虽如此说，然又说“知其不可而为之”（《论语·宪问》），始终不承认“穷则独善其身”，其精神始终在“兼善天下”。

一部《论语》就是“平实”，易知易行，如问“仁”，曰“爱人”；问“知”，曰“知人”。① 崔东壁②以为《论语》乃曾子后之弟子所记，尤其曾子，如《学而》一章，“子曰”后即有“曾子曰”，崔氏说盖可信。

凡大师门下得道最多者，不是聪明最高的，而是

① 《论语·颜渊》：“樊迟问仁，子曰：‘爱人。’问知，子曰：‘知人。’”

② 崔东壁：即崔述。崔述（1740—1816），清代学者，字武承，号东壁，直隶大名（今属河北）人。著有《考信录》36卷。

用力最勤的人。曾子得圣人之传最多。《论语》记：

> 子曰："参乎，吾道一以贯之。"曾子曰："唯。"子出。门人问曰："何谓也？"曾子曰："夫子之道，忠恕而已矣。"
>
> （《论语·里仁》）

曾子所言，真能抓住要点。故曾子的弟子所记，亦是"平实"。战国末诸家并出，以其学说悟人，只平实不足以胜人，故有《中庸》一书出，说一点儿难知、难行道理，故有《中庸》《孟子》。

禅，"说似一物即不中"（南岳怀让禅师语）。①

① 《祖堂集》卷三载南岳怀让见六祖事："祖问：'子近离何方？'对曰：'离嵩山，特来礼拜和尚。'祖曰：'什摩物与摩来？'对曰：'说似一物即不中。'在于左右一十二载。至景云二年，礼辞祖师。祖师曰：'说似一物即不中，还假修证不？'对曰：'修证即不无，不敢污染。'祖曰：'即这个不污染底，是诸佛之所护念。汝亦如是，吾亦如是。西天二十七祖般若多罗记汝：佛法从汝边去，向后马驹踏杀天下人。汝勿速说此法，病在汝身也。'"南岳怀让（677—744），唐代高僧，六祖惠能弟子。因弘法于南岳，世称南岳怀让。

一种学问，总要和人之生命、生活（life）发生关系。凡讲学的若成为一种口号（或一集团），则即变为一种偶像，失去其原有之意义与生命。儒家所谓仁义，《中庸》所谓道，与佛之所谓禅，是否同？道不可须臾离，可离非道也。禅也者不可须臾离，可离非禅也。禅，可会，不可说，甚至不可知；如用筷子，不可知，不可说，而绝对能会。

文学艺术，代表一国国民最高情绪之表现。说情绪，不如说情操。情绪人人可有，而情操必得道之人、有修养之人。情操非情绪，亦非西洋所谓个性。每人作品皆有其简单而又神秘之境界，西洋谓之个性，不对。因个性乃听其自然之表现；而文学艺术最高之情操表现，非听其自然之表现。个性与生俱来，故曰：禀性难移，三岁见老。大艺术家所表现之个性，绝与此不同，实为一种禅，以之：

（一）发掘自己（掘出灵魂深处）。然此仍但为原料（raw-material）。

（二）完成自己。须自己用力始得。可是圣人绝非自了汉，禹之过其门而不入，[1] 可见儒家精神；佛说“众生有一不成佛我誓不成佛”；[2] 耶稣背十字架为世人赎罪，担荷人间罪过。[3]

（三）表现自己。人不表现，如何能知是什么。人用什么表现？为人类办一点儿事情即表现自己，不是自吹，是做一点儿真正的事。

禅在表现上不成，在发掘、完成上有佛之精神，而无“众生有一不成佛我誓不成佛”之决心。近人在为学方面，只是发掘、完成两方面，不能踏实去干。必踏实，始真能有表现。

欲了解中国文学艺术，必须了解一点儿禅。

（有《禅学讲话》一书，日本日种让山[4]著，释

---

① 《孟子·离娄下》：“禹、稷当平世，三过其门而不入，孔子贤之。”

② 此二语源出地藏菩萨本愿：“地狱不空，誓不成佛；众生度尽，方证菩提。”

③ 《新约全书·四福音书》记载，耶稣在耶路撒冷布道，因为门徒犹大的出卖，而被众祭司和民间长老捆绑解送交给犹太巡抚彼拉多。巡抚因耶稣无罪，意欲循常例释放他，但遭到众祭司长、民间长老和文士等一众人的强烈反对，而耶稣最终被钉死在十字架，人类的罪恶因此得以赦免。

④ 日种让山（1873—1984）：日本临济学院学僧。

芝峰[1]译，民国卅二年九月出版，丁字街佛经流通处售。序中提到《禅学讲话》原名《攻禅宗学》，余以为原名较佳。）

任公《要籍解题及其读法》论及《礼记》，讲《礼记》之价值有五项，第四项讲《礼记》之价值云：

> 孔子设教，惟重力行。其及门者，亲炙而受人格的感化，亦不汲汲以骛高玄精析之论。战国以还，“求知”的学风日昌，而各派所倡理论亦日复杂。儒家受其影响，亦竞进而为哲理的或科学的研究。孟、荀之论性论名实，此其大较也。两《戴记》中亦极能表现此趋势。

“孔子设教，惟重力行”，故易知易行。战国以后，

① 释芝峰（1901—1971）：现代学僧，字象贤。译有日本佛学著作《唯识三十论讲话》《禅学讲话》。

儒家受其影响，为其所迫，不得已，故渐有精深之理，自有玄妙之言矣。《中庸》是儒家，而非孔门之学，孔学平实，《中庸》玄妙。（孔子不言性与天道，以其有流弊也。后世禅宗流于□[1]，没用。）

“中庸”释义

中庸，朱熹章句引程子语：

> 不偏之谓中，不易之谓庸。

中——不偏；庸——不易，即不变，佛所谓常。以程子之言，则“中庸”二字为对举（并举）。余意以为此二字乃骈举，如“国家”实只国意，“庸”字可包在“中”字内，可删去，是骈举而非对举。

---

① 按：“于”字下缺一字。

骈举乃为文气、语气方便。

第一章，“喜怒哀乐之未发，谓之中；发而皆中节，谓之和。中也者，天下之大本也；和也者，天下之达道也。致中和，天地位焉，万物育焉。”只是“中”而未言“庸”；二、三章，始二字皆见，如第二章“君子中庸……君子之中庸也，君子而时中”，第三章“中庸其至矣乎”。

中庸，郑氏注①：“庸，常也。用中为常道也。”此说与程朱有异，可取。

① 郑氏注：东汉经学家郑玄有《礼记注》。

二、《中庸》结论

天命之谓性，率性之谓道，修道之谓教。

此《中庸》第一章之首三句。

“天命之谓性，率性之谓道，修道之谓教”，是结论。

古人写文开门见山。古文写法有：代数写法，由未知——→已知；几何写法，由已知——→已知。孟子常用前法，用包围法；古人多是后法。《中庸》如轰炸，上去便一炮。

中国人好言天。

孔子曰：

> 吾谁欺？欺天乎？
>
> （《论语·子罕》）

《论语》中言“天”之处甚多，然与公教所说“天”不同。公教所说“天”指上帝，至尊无上，是惟一的，这一点公教所讲最具体、最严肃。佛将天分为三十三天，常言诸天；亦曰天帝，多数与公教不同；或曰帝释。故佛所谓天，既不及公教之严，亦不及其惟一。中国所谓“天”，亦惟一，而不及公教之严肃；儒所谓天，亦至尊无上。子曰：

> 知我者其天乎！
>
> （《论语·宪问》）

然不及公教严肃，故是哲学而非宗教，所以为儒家而非儒教。

儒家所谓“天”，要非人力所能转移、参与者，“莫之为而为者，天也”（《孟子·万章上》）。凡自然而然，莫之为而为，莫之致而至，统曰天命。如谓之为上帝意旨则严肃矣，成为宗教的。今所谓天命，颇似近世科学家所谓自然律（law of nature）。

成年以后，后天习惯与先天之性颇不易分，人往下□[①]，不往上□[②]，“功成者退”。人类进化在第二代的好坏，若不如此，人类灭绝久矣。凡有生之物皆如此。

“天命之谓性”。

青是山，绿是水，花花世界，花花者在此。

“性”，，形声字，若依右文说[③]则不然，生

① 按：“下”字下缺一字。

② 按：“上”字下缺一字。

③ 右文说：文字学上一种依据形声字声符推求字义的学说。该学说以为声符相同的一组形声字具有共同意义，这一意义由居于字之右侧的声符所赋予，义符只决定该字所表示的一般事类范围。因声符大多居于字之右侧，故称右文说。

亦有意。《易传》云：

> 天地之大德曰生。
>
> （《系辞传》）

世界之所以为世界，即全在此“生”。《中庸》所言“生”，与公教所谓“灵魂”不同，与佛教所谓“明心见性”之性亦不同。公教不承认植物有灵魂；而在儒家，植物有性，柳宗元[①]《种树郭橐驼传》即云“能顺木之天以致其性”。佛家所谓明心见性之性，“自性圆明，本无欠缺”（《圆觉经》），在智（圣）不增，在愚（凡）不减，圆满光明。儒家“受命于天”与佛教“自性圆明”不同，佛说人人可以成佛，不假外求。公教在认识上帝，佛教在认识自己。余于此，借用柳宗元之语曰“是二者，

---

① 柳宗元（773—819）：唐代文学家、哲学家，字子厚，河东（今山西运城）人，世称柳河东。与韩愈共同倡导古文运动，推动文体文风改革，有《河东先生集》。

余未信之”（《小石城山记》）。

《论语》子曰：

> 君子有三畏：畏天命，畏大人，畏圣人之言。小人不知天命而不畏也，狎大人，侮圣人之言。
>
> （《论语·季氏》）

朱注：“天命者，天所赋之正理也。”此注等于不注，且不是孔门家法，孔门是显宗，朱子是秘宗了。“天命”，本能；既曰天命是本能，何畏之？“小人不知天命而不畏也”。孔夫子心是很热烈，而说得很安详。“畏”字何等有力，“知”字何等有分寸！

《论语·尧曰》又言：

> 不知命，无以为君子也。

此所谓“命”，盖即天命，并非二物，说法者是当机立断，听法者是直下承当。

《论语》云：

> 子罕言利与命与仁。
>
> （《论语·子罕》）

孔子与人以显（具体事物），故“罕言”命，命太抽象，实则很重视命与仁。“罕言”是慎重之意，非禁止之辞。

《论语·宪问》篇孔子有言：

> 道之将行也与？命也。道之将废也与？命也。

圣人不能离道，道不能离圣人，道之行废，皆与命有关。今所谓“命”字与夫子所用，理有深浅，意无同异。现在所谓认命，近于消极；孔夫子所谓命，近于积极。“道之将废”是不可，是命也；而老夫子是“知其不可而为之”（《论语·宪问》），是尽人事而听天命，是积极。（今人是不尽人力而听天命。）故曰：

> 不怨天，不尤人，下学而上达，知我者其天乎！
>
> 《论语·宪问》

天助自助者，“道之将废也与？命也”，是“不怨天，不尤人”。知命，然后心平气和，然后能努力；否则，虽努力是无明，是客气，不是真力。真力生于真知，欲得真力，必须真知。“不怨天，不尤人，下学而上达，知我者其天乎”，此孔子自述其治学、为人用功之态度。人与学发生关系而成道。天可助，人可助，若天、人不助，不怨不尤。“下学而上达”，夫子是渐而非顿，由低及高，由浅及深，“低处着手，高处着眼”（下学而上达）。

然孔子所谓“命”与《中庸》之“天命”，乃截然二事。佛家禅宗说“自性圆明，本无欠缺”(《圆觉经》)，即天命。“天命之谓性”，与孔子所谓“命”不同，孔子所谓命甚严肃，乃至高无上之主宰，莫之高而高，莫之致而至，凡人力所不能达者皆谓之命。《中庸》“天命之谓性”，非此意。《楞严经》有云：

> 妙觉明心，清净本然。

“妙觉明”三字与“清净本然”四字，皆是讲心的，此方是《中庸》“天命之谓性”之“天命”。故中庸是儒家思想，而非孔门思想，光此一句可知。孔子所谓“天命”，只是天命，或简称“天”，或“命”，不能再加别字；而《中庸》曰“天命之谓性”。

“性”，《论语》有云：

> 子曰：“性相近也，习相远也。”
>
> (《论语·阳货》)

子贡曰：“夫子之文章，可得而闻也。夫子之言性与天道，不可得而闻也。”

（《论语·公冶长》）

夫子言性“不可得而闻”，可见孔子不言性。宋儒好言性，岂孔子家法？性——隐微，无法讲。

“率性之谓道”。

“率”，《小戴礼记》郑氏注：“循也。”朱子注同。“率由旧章”（《诗经·大雅·假乐》）之“率由”，即此意。“循”，依也；“率”，由也。“由是而之焉之谓道”（韩愈《原道》），然此非性善不可。然孔子未言性善，“相近”是有区别，故“率性之谓道”，亦非孔子家法。

孔子亦讲道，如“士志于道”（《论语·里仁》）、“朝闻道，夕死可矣”（《论语·里仁》），惟不常言天道耳。道，念兹在兹。孔门重道，而夫子所谓道究为何物？何谓道？

《论语·学而》篇记有子之言：

> 君子务本，本立而道生。孝弟也者，其为仁之本与？

“道”“本”二字，后成一名词，佛家、道家均用，元曲有“清闲真道本”句（马致远《陈抟高卧》）。“本立而道生”，“立”字、“生”字好，生于其所不得不生。“其为仁之本与”，“仁”即人。“孝弟也者，其为人之本与？”佛说“因缘”，“因”即生机，儒家所谓“本”即“因”。宋儒讲义理是秘宗，孔子是显宗，易知易行。

《论语·里仁》篇：

> 子曰：“参乎，吾道一以贯之。”曾子曰：“唯。”子出，门人问曰：“何谓也？”曾子曰：“夫子之道，忠恕而已矣。”

孔门高弟“子”字多在下，如曾子；较次者“子”字在上，如子路。“有子之言似夫子”（《礼记·檀弓上》），曾子乃后进，年青，孔子曰“参也鲁”（《论语·先进》）。有子闻、知似孔子，盖行稍差；曾子盖闻、知、行得夫子之道最多，有子、曾子之言当能得夫子意。要说言中之物、孔门之法，专在“吾道一以贯之”；曾子曰“唯”，直下承当，息息相通，心心相印。

佛传法，世尊拈花，迦叶微笑，羚羊挂角，无迹可求，心心相印，用不着说；虽不说而有象征表现，故有拈花、微笑。于此，言语道尽，言语之道尽。“吾道一以贯之”，尚非言语道尽，“并却咽喉唇舌，道将一句来”（百丈大智禅师语）。[1]“吾道一以贯之”六字，千回百转，道此一句，较拈花微笑似显，实一样秘。“一”究为何物？“一”即拈花，

---

① 《古宿尊语录》卷二十九：“百丈大智禅师谓众曰：‘并却咽喉唇舌，道将一句来。’沩山云：‘却请和尚道。’五峰云：‘和尚也须并却。’云岩云：‘和尚有也未。’”百丈大智禅师，即百丈怀海，大智为其法谥。

"唯"即微笑。"子出",真好,上合天理,下合人情,如佛传法后之涅槃。曾子曰"夫子之道,忠恕而已矣",其如禅宗所谓"今日事不获已,一场败阙"(呆庵普庄禅师语)[①]。所谓"忠恕",中心谓忠,如心谓恕;尽其在己曰忠,对人曰恕;知有我谓之忠,知有人谓之恕。曰忠,恕在其中;曰恕,忠在其中,天下岂有不忠之恕,不恕之忠?居心是静,行事为动,在日用居心行事,无时无地不合忠恕,则无时无地不合道。犹少"末后一句"[②] 在——"夫子之道,忠恕而已矣"。

"孝弟""忠恕"非二事,本是"孝弟",道归于"一","一"即忠恕。《孟子》有云:"老吾老,以及人之老;幼吾幼,以及人之幼。"(《梁惠王

① 《呆庵普庄禅师语录》卷一:"(普庄)召大众云:'云居今日事不获已,更成一场败阙。三十年后,未免遭人检点。'"呆庵普庄(1347—1403),名普庄,号呆庵。明初临济宗杨岐派高僧,时人誉为"宗门中伟人"。

② 末后一句:亦作"最后句""末后一转"。黄檗《碧岩种电钞》卷一:"到彻悟极处,吐至极语,更无语句过之者,谓末后一句。"

上》）“老吾老”“幼吾幼”，是孝弟；“以及人之老”“以及人之幼”，是恕。科学一加一是二，哲学一加一往往仍是一，孝弟忠恕是一，万殊归于一本。天下岂有不能忠恕而孝弟者，又岂有不能孝弟而有心忠恕者？上举“老吾老，以及人之老；幼吾幼，以及人之幼”得之。

“率性之谓道”。

“率性之谓道，修道之谓教”，与佛教“本自具足”[①] 不同。

“率性之谓道”，是秘，是中庸，非孔门。

“率”即《诗经》“率由旧章”（《大雅·假乐》）之“率”，“率由”即由也。“能顺木之天以致其性焉尔”（柳宗元《种树郭橐驼传》）即率性，即顺自然律。西洋哲学在征服自然；中国哲学在顺应

① 本自具足：《坛经·自序品》：“何期自性，本自清净。何期自性，本不生灭。何期自性，本自具足。何期自性，本无动摇。何期自性，能生万法。”

自然，即率性。“率性之谓道”，顺本性生存、发展者也。

何以“率性之谓道”？

> 告子曰：“性犹杞、柳也，义犹桮、棬也；以人性为仁义，犹以杞柳为桮棬。”孟子曰：“子能顺杞、柳之性而以为桮、棬乎？将戕贼杞、柳而后以为桮、棬也？如将戕贼杞、柳而以为桮、棬，则亦将戕贼人以为仁义与？率天下之人而祸仁义者，必子之言夫！”
>
> （《孟子·告子上》）

告子主性恶，孟子主性善，荀子主无善无恶（可善可恶）。孔子“性相近，习相远”之说，荀子与之相近。孟子主性善，乃奖励说；告子主性恶，乃警戒说，其用心未可厚非，而说理未尝圆满。

“义犹桮、棬”，义中有仁。从修辞上看，“义犹桮、棬”是骈举。parallel sentence，骈句，排句，偶句。骈举有时是单举，如“中庸”；单举有时是骈举，如“义犹桮、棬也”，乃为修辞整齐。

“顺杞、柳之性”，“顺”即“率”字义，率，循、由、依。“戕贼”杞、柳之性，“率”即不戕贼、违害。

孟子云：

> 人，性之善也，犹水之就下也。
>
> （《孟子·告子上》）

自然，便非戕贼；比为杞、柳，则有戕贼。“从善如登，从恶如崩”（《国语·周语下》），奔跑下坡路，依孟子人性之善如水之就下，则当为“从善如崩”矣。外国怀疑派谓：若人性是善，则不必圣贤鼓励人为善了。故《中庸》“率性之谓道”，足见乃孟子之说，而非孔子之说。“率性之谓道”，即任其自然为道，太玄。

人可分三阶段：（一）初生，自然；（二）少壮，重染（见《大乘起信论》）；（三）衰老（或也许是少壮），还原（克复，克己复礼）。克己，在去其重染之气；复者，还也，如“七日来复”（《易经·复》）。第三时期无论少壮、衰老，此期皆为克复期，在智不增，在愚不减，恢复本来面目。重染非本来，重染愈甚，克复愈难；而克复之后，见道愈最真，愉快亦愈大。佛教说“放下屠刀，立地成佛”，孟子说“虽有恶人，斋戒沐浴，则可以祀上帝”（《孟子·离娄下》），人虽恶而要能真回心向善，比原来善人还诚。

某人问一大师：“何谓道?”大师曰：“平常心是道。”① 平常心若与道分为二，则非道矣。平常心是道，日用法是道。有子拈出“孝弟”二字，曾子拈出“忠恕”二字，即平常心。《论语》之道乃忠

① 《五灯会元》卷四载赵州从谂禅师事：“他日问泉曰：‘如何是道?’泉曰：‘平常心是道。’”赵州禅师（778—897），法号从谂，因曾居于赵州，人称赵州和尚。晚唐禅宗大师，禅宗史上非常有影响的代表人物。

恕孝弟，孝弟忠恕如何下手？人人可为。《中庸》则曰“率性之谓道”，所谓“率性”则神秘，“率性之谓道”，如何致力？如何下手？道家所谓道，自然，率性；佛教所谓道，自性，率性，此皆非孔门家法。

道，韩愈①谓：

> 仁与义为定名，道与德为虚位。
>
> （《原道》）

如言用功，是虚位，如何用功？用何功？“率性之谓道”是虚位；孝弟忠恕是定名，容易行。禅宗说悟道，儒教说行道。“悟”是白搭，说饭不中饿人吃；“道”是无从下手。若下手，孔子儒教是方便法门。

> 梓匠轮舆，其志将以求食也；君子之为道

---

① 韩愈（768—824）：唐代文学家、哲学家，字退之，河南河阳（今河南孟州南）人。自言郡望昌黎（今属河北），世称韩昌黎。与柳宗元共同倡导古文运动，推动文体文风改革，有《昌黎先生集》。

也，其志亦将以求食与？

（《孟子·滕文公下》）

于道：一闻；二知；三行。闻、知、行，三者为一，不可分。闻后便行，知行合一；若不能行，仍为不闻不知。

《论语》载：

子路问："闻斯行诸？"子曰："有父兄在，如之何其闻斯行之？"冉有问："闻斯行诸？"子曰："闻斯行之。"公西华曰："由也问闻斯行诸，子曰'有父兄在'，求也问闻斯行诸，子曰'闻斯行之'。赤也惑，敢问。"子曰："求也退，故进之；由也兼人，故退之。"

（《论语·先进》）

《论语》有"未若贫而乐，富而好礼者也"（《学而》）句，旧本"乐"字下有"道"字，与下

"好礼"对。然此不必然，所乐是道不必言，所闻是道，"道"字亦可略。因症与药，凡大师说道皆有此等处。于子路则曰"如之何其闻斯行之"，子路猛于行而略于知，故孔子为是言。

（一）性（天命）；

（二）道（率性）；

（三）教（修道）。

"修道之谓教"。

郑注："修，治也，治而广之，人仿效之，是曰教。"言简而当。"治而广之"一句，尽其在我。治者，修治之意；广者，发挥广大之意。孟子云："老吾老，以及人之老；幼吾幼，以及人之幼。"（《孟子·梁惠王上》）"老吾老""幼吾幼"，是治；"以及人之老""以及人之幼"，是广之。

朱注："修，品节之也。性道虽同，而气禀或异，故不能无过不及之差，圣人因人物之所当行者而品节之，以为法于天下，则谓之教，若礼、乐、刑、政之属是也。”言多而无当。孟子云：“比而同之，是乱天下也。”（《孟子·滕文公上》）朱子言岂非“比而同之”，不如郑注之“治而广之，人仿效之，是曰教”。

“修道之谓教”，此处所谓“教”，盖有二义：教诲、政教。

“教”之二义：

（一）教诲（教育）义。孔子“诲人不倦”（《论语·述而》），孟子“得天下英才而教育之”（《孟子·尽心上》）。教诲与仿效是一非二，西洋重在方法，中国以身作则，教育不是给人方法，是给人榜样。“修道之谓教”，没仿效；而修学与教学中有仿效。

（二）政教义。政教今谓政治，教，须自己先会；治，己不正而正人。教，无为而治。儒家政治思想皆与教相连，今乃以法治。儒家政治思想与教育思想同，教育不是给人方法，政治亦不是给人规则、法律。

然“教”字当还有“教化”之意味。“教化”由“教诲”与“政教”合成，办教育亦须以身作则，以身作则是化。

《论语·颜渊》载：

> 季康子问政于孔子。孔子对曰：“政者，正也。子帅以正，孰敢不正？”

此精神真伟大，此所谓“教”不是怕，是从心里不好意思，故中国儒家言政必曰“政教”。“子帅以正，孰敢不正”，岂非仿效之？此种政治学太理想。《论语·子路》又云：

> 以不教民战，是谓弃之。

可见政治并非机械的支配。近代政治多为机械的支配或消极的防闭。教民不是机械的支配、消极的防闭，而是人格的感化，以一人精神、人格感化全国，真是积极精神，政治与教育打成一片，皆是以身作则。而孔子之学说是圣人，不是宗教。耶稣、释迦不言政治，不能抓住政权之心；孔子之教与政有关，不是宗教。

孔子所谓教育有二：一修道，一行道。穷而在下，则聚徒讲道（教，修道）；达而在上，则得君行道。可见，儒教在借政治推行其道，否则事倍功半；借政治之力，则事半功倍。夫子周游，原想以政教推行，而失败了，遂归而教诲。教，须先修道。

对“天命之谓性”三句今做一譬喻：

“天命之谓性”，如钢铁，具坚利性。钢铁不可用人为，是天生具坚利性。

“率性之谓道”，乃制钢铁成刀剑，是因坚利性。若为铅，则不能为刀剑，根本无坚利之天性。“天命之谓性”，身性所关，然后因之加以磨炼。

“修道之谓教”，是用刀剑割刺，是用坚利性。

三、《中庸》言道

“天命之谓性，率性之谓道，修道之谓教”，一性、二道、三教，由道见性、生教。

《中庸》所讲便是道，《中庸》卅馀章不言“性”与“教”，只言“道”。

《论语》曰：

> 士志于道。
>
> （《论语·里仁》）

卖什么，吆喝什么，采众卑下，不足为耻，要忠于所事。

人要做天地间不可少的人，而不必为伟人，如人在离别以后要使人想念，不是自己要如此，而是自然如此。《世说新语·赏誉》篇载："桓温行经王敦墓边过，望之云：可儿，可儿。"（可儿、可人，人、儿古通。可，唐人刘禹锡[①]《金陵五题·生公讲堂》有"一方明月可中庭"诗句，宋人陈师道[②]《绝句》有"客有可人期不来"诗句。*The Darling*，契诃夫[③]作、周岂明[④]译，《可爱的人》。Charming，darling，昵；中国"可"字较西文"charming"大方，较硬。）

---

① 刘禹锡（772—842）：唐代文学家、哲学家，字梦得，洛阳（今属河南）人。因曾任太子宾客，世称刘宾客。与白居易唱和，合称"刘白"。有《刘梦得文集》。

② 陈师道（1053—1102）：北宋诗人，字履常、无己，号后山居士，彭城（今江苏徐州）人。苏门六君子之一，江西诗派代表作家之一，有"闭门觅句陈无己"之称。有《后山居士文集》。

③ 契诃夫（1860—1904）：俄国作家，著有《变色龙》《套中人》《小公务员之死》等。

④ 周岂明：即周作人。周作人（1885—1967），原名周櫆寿，字星杓，自号启明（又作岂明）、起孟、知堂等，鲁迅二弟，浙江绍兴人。现代散文家，著有散文集《谈龙集》《谈虎集》《雨天的书》《知堂回想录》等。

桓温曾曰：大丈夫不能流芳百世，亦当遗臭万年。[1] 天下没有好人是寂寞，没有坏人也是寂寞。“再过三旬是寒食，不知春上柳梢无”（林纾[2]诗句，林纾有《践卓翁小说三辑》），冬风刺骨，深刻；春风侵肤，浮浅。天地不能有春无冬、有昼无夜，则有善亦当有恶。未知生之可乐，焉知死之可悲？而“寿无金石固”（“古诗十九首”之《驱车上东门》），时不我与；惟其如此，故觉生命之可贵，故能努力有进步。人命的短促，但造成了生命的价值；冬日寒甚，故始觉春之可贵。四时不谢之花，八节长青之草，老如此也没意思。流芳、遗臭，总还是非常人。而以近代眼光看之是错误。

非常人固不可少，没有则国家、民族皆寂寞；而平常人之不可少，正不下于彼非常人，缺少一样

---

① 刘义庆《世说新语·尤悔》：“桓公卧语曰：‘作此寂寂，将为文、景所笑！’既而，屈起坐曰：‘既不能流芳后世，亦不足复遗臭万载邪？’”

② 林纾（1852—1924）：清末民初文学家、翻译家，原名群玉，字琴南，号畏庐，别署冷红生，晚称践卓翁，福建闽县（今福建福州）人。著有《畏庐文集》《畏庐诗存》《畏庐笔记》《金陵秋》等。

不成世界。彼非常人，于常人只是少见多怪，“是亦不思而已矣”（朱熹《孟子精义》）。世上不但万紫千红，即不为人注意之小花也在拼命长。“是法平等，无有高下”（《金刚经》），爱仇人与爱人无分别，一视同仁而非无思想。民胞物与，草木之一切是环境自由造成，而主要卖什么吆喝什么，要忠，所谓“士志于道”。志，念兹在兹，“造次必于是，颠沛必于是”（《论语·里仁》）。

志 ←——念兹在兹 ←—— 造次必于是，颠沛必于是

士志于道

子曰：“朝闻道，夕死可矣。”（《论语·里仁》）不死更好，死也可矣，不是必。

《宗门武库》载：

一僧问师[1]云："某甲参禅不得，未审病在甚么处。"师云："病在这里。"僧云："某甲因什么却参不得？"师云："开眼尿床汉，我打尔去。"

净[2]云："适来只对，一一灵明天真，及乎道个佛手便成窒碍，且道病在甚处？"准[3]云："某甲不会。"净云："一切现成更教谁会。"

禅宗语录云：

向上一路，千圣不传。

（圆悟克勤禅师语）[4]

---

① 师：指洞山自宝禅师。洞山自宝（978—1054），别号宝寿，北宋云门宗高僧。因住持洞山，世称洞山宝禅师。

② 净：即真净克文禅师。

③ 准：即湛堂文准禅师。湛堂禅师（1061—1115），名文准，号匡真，字湛堂，真净克文弟子，北宋临济宗黄龙派高僧。

④ 《碧岩录》卷二载圆悟克勤禅师语："向上一路，千圣不传，学者劳形，如猿捉影。"圆悟克勤（1063—1135），北宋临济宗杨岐派高僧，字无著，名克勤，号碧岩。徽宗赐号"佛果"，高宗赐号"圆悟"，世称佛果克勤或圆悟克勤。

丈夫自有冲天志，不向如来行处行。

（真净克文禅师语）

禅宗胜祖，见过于师，皆是“向上”。而如何“向上”，千圣不传，不是不能会，不能懂，只是我不讲，不是说讲不出来，能讲也不讲。不用说绕弯子，碰钉子都不怕。

禅宗语录，夫子所无。不可以为训者，夫子不言，夫子所言皆可身体而力行者。“向上”是好，而孔子不说，“千圣不传”。夫子有教无类，“吾未尝不诲也”（《论语·述而》）。老夫子未尝没有“向上一路，千圣不传”之心，而不以为训。一部《论语》处处是性，是天道，而弟子说“言性与天道，不可得而闻也”（《公冶长》）。盖夫子所说乃具体事物，不言抽象言辞。性，太隐微，不可以训；教，在人而不在己。性隐微，教在人，不在其位，不得其教，又由何言教。道既比性显明，而又在己，故专言道。

第一章

天命之谓性，率性之谓道，修道之谓教。道也者，不可须臾离也，可离非道也。是故君子戒慎乎其所不睹，恐惧乎其所不闻。莫见乎隐，莫显乎微。故君子慎其独也。喜怒哀乐之未发，谓之中；发而皆中节，谓之和。中也者，天下之大本也；和也者，天下之达道也。致中和，天地位焉，万物育焉。

无事而非道，无时而非道，无地而非道。若有一事、一时、一地无道，“是亦不思而已矣”（朱熹《孟子精义》）；若思之，则皆道矣。后人说道理，其即“道”。没有一事离开道，若以为离开，便是不思，终身由之而不知，习而不察。人不生则已，生则不离时、地、事，即不离道。现在人既不能真知

“道”，又不说不知“道”，只是装知“道”，不装就难得。上台一样，下台一样，即人格之分裂，就是“可离非道也”。“是故君子戒慎乎其所不睹”。

“莫见乎隐”，“见”，重现。

“故君子慎其独也”，“独”统上“戒慎乎其所不睹，恐惧乎其所不闻。莫见乎隐，莫显乎微”四句而言，“不睹”“不闻”“隐”“微”是独。在台下看过的，比在台上更要紧。

如何修道？“喜怒哀乐之未发”——静，“发而皆中节”——动，二者相反而又相成，二而一，动由静出而又必归于静。君子之道，“一张一弛”（《礼记·杂记》），如天不能无昼夜。

“中也者，天下之大本也”，“本”，所以生，一切事物皆生于此。“和也者，天下之达道也”，“道”，所以行。必中，始能生；必和，始能行。天地若不能生，便不成为天地。现在须中，现在还要行，便须和。“致中和”，结果“天地位焉，万物育焉”。

僧问："如何是道？"师曰："大道通长安。"①

恁么也不得，不恁么也不得，恁么不恁么总不得。②

不思善，不思恶，那个是上座本来面目。③

道，求则得之，求——即《中庸》所谓"修"。孟子云：

① 《五灯会元》卷四载赵州从谂禅师事："问：'如何是道？'师曰：'墙外底。'曰：'不问这个。'师曰：'你问那个？'曰：'大道。'师曰：'大道通长安。'"

② 《五灯会元》卷五载药山惟俨见石头希迁事："首造石头之室，便问：'三乘十二分教某甲粗知，尝开南方直指人心，见性成佛。实未明了，伏望和尚慈悲指示。'头曰：'恁么也不得，不恁么也不得，恁么不恁么总不得。子作么生？'师罔措。"

③ 《坛经·自序品》："惠明作礼云：'望行者为我说法。'惠能曰：'汝既为法而来，可屏息诸缘，勿生一念，吾为汝说。'明良久，惠能曰：'不思善，不思恶，正与么时，那个是上座本来面目？'惠明言下大悟。"

夫道，若大路然，岂难知哉？人病不求耳。子归而求之，有余师。

（《孟子·告子下》）

迷路师老马，掘井师老树。不求，“是亦不思而已矣”（朱熹《孟子精义》）。僧问云门：“如何是佛？”门云：“干矢橛！”[①]（矢，通“屎”，出《史记》。）东郭子问道，庄子言“道在瓦砾”“道在屎溺”，东郭子问曰：“何其愈甚邪？”庄子答曰：“每下愈况。”[②] 每下愈况，愈浅显，道理愈明。

体——静，无处不在。要发挥体验，即《中庸》所谓“修”。视、听、言、动，一准乎礼——“君子

① 《五灯会元》卷十五载云门文偃禅师事：“僧问：‘如何是佛？’师曰：‘干屎橛。’”

② 《庄子·外篇·知北游》：“东郭子问于庄子曰：‘所谓道，恶乎在？’庄子曰：‘无所不在。’东郭子曰：‘期而后可。’庄子曰：‘在蝼蚁。’曰：‘何其下邪？’曰：‘在稊稗。’曰：‘何其愈下邪？’曰：‘在瓦甓。’曰：‘何其愈甚邪？’曰：‘在屎溺。’东郭子不应。”庄子曰：‘夫子之问也，固不及质。正获之问于监市履狶也，每下愈况。汝唯莫必，无乎逃物。至道若是，大言亦然。周徧咸三者，异名同实，其指一也。’”

慎其独也”。必如此，才是道，才是修道。“非礼勿视，非礼勿听，非礼勿言，非礼勿动”（《论语·颜渊》），即《大学》所谓“慎独”功夫。修，从慎独下手。孔子所以先“视”“听”而后“言”“动”者，人可不言、不动，不能不视、不听。言、动合礼易，视、听合礼难，一日暴之，十日寒之，固不可；十日暴之，一日寒之，也不成。禅宗所谓住、行、坐、卧，皆须合法。赵州和尚曰：“二时粥饭是杂用心处。”① 其实，二时粥饭也非杂用心，亦仍在道上，在法上。

《中庸》有时不免有点苦，“莫见乎隐，莫显乎微”。“十目所视，十手所指”，这有点恐吓人，不及《论语》和平，而意思是好。处处小心，但是小心还不成，还要处处努力。古人见担夫与公主争路而悟得书法，② 古人见屋漏之痕而悟得用笔之

① 《五灯会元》卷四载赵州从谂禅师语：“老僧行脚时，除二时粥饭是杂用心处，除外更无别用心处。若不如是，大远在。”

② 李肇《唐国史补》卷上：“张旭草书得笔法，后传崔邈、颜真卿。旭言：‘始吾见公主担夫争路，而得笔法之意。后见公孙氏舞剑器，而得神。’”

法，[①] 此乃“用心”。俗语云“不怕贼偷，就怕贼想”，这是心动。不是无别人的眼，是没别人的心，有此心则有此眼，则可见道。

道与人行道同，皆是求生，不求碰壁，直截了当。（中国说哲理书不好，也有好，好是“直下承当”。）《楞严经》云：

> 中间永无诸委曲相。

如人受杖觉痛，此是顿悟功夫，豁然贯通。吾辈凡夫不能顿悟而可渐修，但行好事莫问前程。

《中庸》第一章讲：道、修道、得道。

道，如何是道，“道也者，不可须臾离也”。

---

① 陆羽《释怀素与颜真卿论草书》：“怀素与邬彤为兄弟，常从彤受笔法。彤曰：‘张长史私谓彤曰：孤蓬自振，惊沙坐飞，余自是得奇怪。草圣尽于此矣。’颜真卿曰：‘师亦有自得乎？’素曰：‘吾观夏云多奇峰，辄常师之，其痛快处如飞鸟出林、惊蛇入草，又遇坼壁之路，一一自然。’真卿曰：‘何如屋漏痕？’素起，握公手曰：‘得之矣。’”

修道，如何修，“慎其独也”。

得道，“喜怒哀乐之未发，谓之中；发而皆中节，谓之和”。

先须知道，又须信道，然后肯修道。

常人以为认识与信是二事，实是一事。必真认识，始能真信，否则终是不可靠的、无根基的。认识——信，知——行。是先知后行，还是先行后知？是悟了修，还是修了悟？实则二者互为因果、互为先后！随行随知，随知随行，随修随悟，随悟随修，这样才能常有进步，不至停顿。“大事既明，如丧考妣”（睦州和尚语），[①] 此有英雄气概。“如今便是无事人了也”，这话不可靠，不进则退。（禅宗给人是抓不住。）故当“如临深渊，如履薄冰”（《诗经·小雅·小旻》），戒慎、恐惧，永远如此。

---

① 《禅林类聚》卷六：“睦州示众云：‘大事未明，如丧考妣。大事既明，如丧考妣。’”睦州和尚（780—877），唐代高僧，名道踪，又称道明，俗姓陈，世称陈尊宿。出住睦州龙兴寺，故有睦州和尚之称。

然得道甚艰难。见道不明，“望道而未之见”（《孟子·离娄下》），吾望而未之见，如何能讲得道后境界？我们现在是“望道”。

“中”“和”是得道气象，夫子“望之俨然，即之也温”（《论语·子张》），大概就是中、和注脚。有的东西见过后想着好，有的东西没见过也想着好。“望之俨然，即之也温”，是中和气象，蔡元培先生似之矣。静的是中，动的是和；消极是中，积极是和。“恁么也不得，不恁么也不得，恁么不恁么总不得”，是中；“不思善，不思恶，那个是上座本来面目”（上座是高足），是中。用功要在不言、不动时，不思善、不思恶时。

《中庸》第一章略图解：

教（根本）　道　性①

↓

修

慎独

戒慎于不睹　恐惧于不闻②

中（喜怒哀乐之未发）　和（发而皆中节）③

静　动

天地位焉　万物育焉④

“道也者，不可须臾离者也”，何不修？目的与结果不同，结果是自然而然。会一点儿，只是一点儿；抓住一点儿，只是一点儿。禅宗给人是不能会、不能抓的。

“喜怒哀乐之未发，谓之中”，禅宗根本无喜怒哀乐。《心经》云：

> 是诸法空相，不生不灭，不垢不净，不增不减。是故空中无色，无受想行识，无眼耳鼻舌身意，无色声香味触法，无眼界，乃至无意识界。无无明，亦无无明尽，乃至无老死，亦无老死尽。无苦集灭道，无智亦无得。以无所得故，菩提萨埵，依般若波罗蜜多故。

佛经中《心经》如儒家《中庸》。“诸法空相”，诸法只是一法，凡说有法，皆是佛法，“一本万殊，万殊一本”。“色、受、想、行、识”——五蕴，“眼、耳、鼻、舌、身、意”——六根，“色、声、香、味、触、法”——六尘，“无眼界，乃至无意识界”，综六根言之也。（世人可与守成，不可与创始。）“无无明”，“无明尽”也不成，“亦无无明尽”，世上岂但无可逃，简直无可立。“菩提萨埵”，菩萨全称，意译为“觉有情”，使有情人觉悟。非有情人，不能得悟道，悟道然后可以证道。情广而诚。“般若”，智慧，有智慧才可渡过迷海达于彼岸。（从糊涂修到聪明，从聪明修到糊涂，以至连糊涂都没有了。）

儒家言，喜怒哀乐未发，是中；发，自然是和。喜怒哀乐未发，不能是中；发出来，自然不能是和。“但愿空诸所有，慎勿实诸所无”（庞蕴居士语），① 然没法用功，将聪明人都拴住了，然此亦只是口头禅。

---

① 《庞居士语录》：“州牧于頔问疾，士谓之曰：‘但愿空诸所有，慎勿实诸所无，好住世间皆如影响。’言讫，即枕于公膝而化。”庞蕴居士，中唐禅门居士，字道玄，有“东土维摩”之称。

朱子章句曰：

> 右第一章。子思述所传之意以立言：首明道之本原出于天而不可易，其实体备于己而不可离，次言存养省察之要，终言圣神功化之极。盖欲学者于此反求诸身而自得之，以去夫外诱之私，而充其本然之善。

> 自救、为人　　禅
>
> 自利、利他　　佛
>
> 独善、兼善　　孟子

于此，后来人多只能做到一半，朱子所说也只是自救。若不是佛家“自性圆明，本无欠缺”（《圆觉经》），即是孟子性善了，否则反求何求？自得何得？“以去夫外诱之私”，若为外来，便不得谓私；若为自有，便不得谓外诱。人自有史以来，便有无明，即宗教所谓原罪，既是自有，便非外诱。

第二章

仲尼曰："君子中庸，小人反中庸。君子之中庸也，君子而时中；小人之中庸也，小人而无忌惮也。"

"君子而时中"，"时中"，犹言无时不中，"中"为兼"庸"而言。

"小人之中庸也"，魏王肃[①]本作"小人之反中庸也"，是。小人无忌惮，无忌惮即无所谓"慎独"，无慎独功夫。君子戒慎乎所不睹，恐惧乎所不闻。《论语》云："君子有三畏：畏天命，畏大人，畏圣人之言。小人不知天命而不畏也。"（《季氏》）

---

① 王肃（195—256）：三国魏经学家，字子雍，东海郡郯（今山东郯城）人。曾遍注群经，如《尚书》《诗经》《左传》《论语》及"三礼"等，编撰《孔子家语》。

“不畏”，即无忌惮。

第三章

子曰：“中庸其至矣乎！民鲜能久矣！”

（《中庸》）

子曰：“中庸之为德也，其至矣乎！民鲜久矣。”

（《论语·雍也》）

“鲜”是没有；“鲜能”是不能。“鲜能久矣”与“鲜久矣”，表述上差一点儿，可意义差得远了。《论语》总是“不为”也，非“不能”也。

第四章

子曰："道之不行也，我知之矣，知者过之，愚者不及也；道之不明也，我知之矣，贤者过之，不肖者不及也。人莫不饮食也，鲜能知味也。"

"明道"是独善其身，"行道"是兼善天下。

"知""愚"就智慧、能力言；"贤""不肖"就品格言。

《孟子·离娄上》云：

道在迩而求诸远，事在易而求诸难。

所谓"远"与"难"，是此章两"道"字[1]之意。

---

① 两"道"字：指《中庸》第四章"道之不行也"之"道"与"道之不明也"之"道"。

是人，就离不开日用平常，日用平常就是道。“平常心是道”（赵州从谂禅师语），故孟子曰在“迩”、在“易”。如吃饭是平常，自己有饭吃，是自利；还要使天下人有饭吃，利他。现在方知吃饭难，锅是铁打的。自救、自利是平常，是不平常？救人、利他，便是大同。地藏菩萨说：“有一众生不成佛者，我誓不成佛。”儒家说：“人溺己溺，人饥己饥。”[1]

“人莫不饮食也，鲜能知味也。”“味”，味觉、触觉。不渴、不饥之外，还要知味。“人莫不饮食也，鲜能知味也”，学道不是学饮食，是要知味。终身由之而不察，不行。我们要察，要知道，这是学道之人比平常人多的责任。一个学道之人要有他生活的智慧，便是由于知味。我们受困苦艰难，要自其中得到智慧；否则，白受了。“天将降大任于是人也”（《孟子·告子下》），就因他在饮食中得到味了，在困苦艰难中得到智慧了。鲁迅先生所写之阿

① 《孟子·离娄下》：“禹思天下有溺者，由己溺之也；稷思天下有饥者，由己饥之也。是以如是其急也。”

Q，便是不知味。平常随处是道，常人只是食而不知其味。阿Q亦有道，只是他不知。我们士大夫负有知味责任。

法国大思想家帕斯卡尔（Pascal）[①] 说：

> 人是能思想的芦苇，脆弱固然，而有思想。
>
> （《思想录》）

风虽能摧残芦苇，而风并不知他在摧残芦苇；芦苇虽被摧残，而有思想，便是了不起处。老虎吃人，若是有心人，当被吃时亦当不动声色欣赏、观察。学道当如此。猛虎起于前而目不瞬，泰山崩于后而神不慑，鲁迅以为学道当如此。兜率悦禅师[②]说：

---

① 帕斯卡尔（1623—1662）：今译为帕斯卡，法国数学家、物理学家、哲学家，著有《思想录》。

② 兜率悦禅师（1044—1091）：名从悦，宋代临济宗黄龙派高僧。因卓锡江西隆兴府兜率院，世称兜率从悦。

眼光落地时将何抵对生死。①

“生死”实只说死，“眼光落地”盖即指死。了生死，生好了，死如何对付？子曰：

未知生，焉知死。

（《论语·先进》）

此是不肯说。会怎样活，就会怎样死；会怎样死，就会怎样活。活时一丝不放，死时亦然，便如是“抵对”。武松打虎，见榜文，不肯下山，怕人笑话自己怎样。武松打虎一点儿把握没有，要是林冲根本不上山，要是鲁达上山也不怕。此二人，一诗人、一英雄，武松只是俗人。“眼光落地时将何抵对生死”？一点儿把握没有。一个学道之人尽管被虎吃

① 《宗门武库》：“悦设三问，以问学者。一曰：拨草参玄只图见性，即今上人性在什么处？二曰：识得自性方脱生死，眼光落地时作么生脱？三曰：脱得生死便知去处，四大分离向甚么处去？”

了，也还是心平气和，此即人之了不起。芦苇摧折，可是知道是怎样被摧折的。狄卡尔（Descartes）[1]云："I think therefore I am."（我思故我在。To be being，在；am，即存在之意。）

懒残禅师[2]，性懒而贪馋，垂涕甚长，或谓其拭涕，曰：

> 无工夫为俗人拭涕。[3]

懒残似西洋犬儒学派（Cynic），鲁迅晚年有点如此。唐梵志，王姓僧人，有诗云：

---

① 狄卡尔（1596—1650）：今译为笛卡尔，法国哲学家、物理学家、数学家，欧洲近代资产阶级哲学奠基人之一，黑格尔誉之为"现代哲学之父"。著有《哲学原理》《论世界》。

② 懒残禅师：名明瓒，唐天宝初为衡山衡岳寺执役僧。因其懒惰，人称为"懒瓒"；因其"好食僧之残食"，又被称为"懒残"。

③ 《碧岩录》卷四："懒瓒和尚隐居衡山石室中。唐德宗闻其名，遣使召之。使者至其室宣言：'天子有诏，尊者当起谢恩。'瓒方拨牛粪火，寻煨芋而食，寒涕垂颐未尝答。使者笑曰：'且劝尊者拭涕。'瓒曰：'我岂有工夫为俗人拭涕耶?'竟不起。使回奏，德宗甚钦叹之。"

梵志翻着袜，人皆道是错。

乍可刺你眼，不可隐我脚。

做宰相如穿新鞋袜，外面好看，里面“不自在”。鲁迅先生原也是如此，后一变而为热烈，向世人挑战。

行，对外，入世；

明，对内，在我。

道，原来就有，只是不行、不明，“太初有道”（《新约·约翰福音》）。

道 { 儒——狭义
道（明以前，道家）——广义

儒是狭义，道是广义，此只是说明，不是批评。儒家所谓道，只限于高深的道——正心诚意，修齐治平，推恩足以保四海——扩而广之，扩而充之。道家什么都是道，不仅高深的是道，平常也是道。

宗教哲理曰“太初有道”，庄子云“道无不在”（《庄子·知北游》）“盗亦有道”（《庄子·胠箧》）。禅宗云“还晓得大唐国里无禅师么”“不道无禅，只是无师”（黄檗希运禅师语），[1] 禅宗所谓禅即道也，不是不可以懂，是不可以教。

道——传，即便无人知、无人行，道总是在的。只要行得通，盗亦有道。行不通，便不是生，生便有道。能行、能明，二者二而一，一积极、一消极耳，互为因果，愈明愈行，愈行愈明。

第五章

子曰：“道其不行矣夫！”

---

[1] 《碧岩录》卷二：“举黄檗示众云：‘汝等诸人，尽是噇酒糟汉，还知大唐国里无禅师么？’时有僧出示：‘只如诸方匡徒领众，又作么生？’檗云：‘不道无禅，只是无师。’”黄檗希运（？—849或855），唐代高僧。因传法于江西洪州黄檗山，世称黄檗希运。

朱子以“道其不行矣夫”为第五章。私意“道其不行矣夫”六字正是上章结尾，“子曰”二字恐是衍文。

苏曼殊[①]，“以情求道”[②]。“矣夫”二字，真好，把老夫子悲天悯人都表现出来，还是希望行。“矣夫”，了吧。“这孩子完了”，“这孩子怕完了吧”，还是希望好。第五章当是第四章结尾，真好。

胡适先生说，作白话诗文，有甚么话，说甚么话；话怎么说，就怎么说。[③] 写出后读来爽口，听来爽耳。“道其不行矣夫”六字，得之矣。

---

① 苏曼殊（1884—1918）：清末民初文学家，原名戬，字子穀，后出家为僧，法号曼殊，广东香山（今广东中山）人。有《苏曼殊全集》。

② 以情求道：苏曼殊《燕子龛随笔》：“草堂寺维那，一日叩余曰：‘披剃以来，奚以多忧生之叹耶？’曰：‘虽今出家，以情求道，是以忧耳。’”

③ 胡适《建设的文学革命论》：“有甚么话，说甚么话；话怎么说，就怎么说。”

第六章

子曰："舜其大知也与！舜好问而好察迩言，隐恶而扬善，执其两端，用其中于民，其斯以为舜乎！"

"慎独"，是修道之基；"好问""好察迩言"，便是悟道之基。时时、处处、事事留心，如此，饮食才可以知味，才不致"由之而不知其道"，"习矣而不察"（《孟子·尽心上》）；如此，智慧自生。

智慧非道，而为学道之利器。佛在《心经》，开口便言"般若波罗蜜多"。（唐玄奘译《大般若经》，有六百万字之多，尚为简本。般若，梵语译音，智慧之意。）佛言般若，意即智慧义；波罗蜜多，意即到彼岸。佛说众生是在苦海中，是在迷海中，是在孽海中，因其为无明。用智慧照破无明，到彼岸，到觉岸。

“好问”是圣门功夫，“不耻下问”（《论语·公冶长》）。“好察迩言”，浅近之言常含有至理。“三人行，必有我师焉”（《论语·述而》），即好察迩言。

“隐恶而扬善”，与前“好问”“好察迩言”，是一事非二事，后者是前者结果。

“执其两端，用其中于民”，《礼记》郑氏注：“两端，过与不及也。用其中于民，贤不肖皆能行之也。”朱子注：“两端，谓众论不同之极致。”说似深微而实费解，不如郑氏之明白。

第七章

子曰：“人皆曰予知，驱而纳诸罟擭陷阱之中，而莫之知辟也。人皆曰予知，择乎中庸而不能期月守也。”

孔子说“不能期月守”，还是客气，其实一时一刻不能守。

第八章

子曰：“回之为人也，择乎中庸，得一善，则拳拳服膺而弗失之矣。”

“择乎中庸”，朱注：“辨别众理以求所谓中庸。”实即选合，择选其合于条件者。

第九章

子曰：“天下国家可均也，爵禄可辞也，白刃可蹈也，中庸不可能也。”

自第六章至此，算一段。

舜合乎中庸，颜回合乎中庸，其他人皆不能。说“中庸不可能也”，正希望人能。

第十章

子路问强。子曰：“南方之强与？北方之强与？抑而强与？宽柔以教，不报无道，南方之强也，君子居之。衽金革，死而不厌，北方之强也，而强者居之。故君子和而不流，强哉矫！中立而不倚，强哉矫！国有道，不变塞焉，强哉矫！国无道，至死不变，强哉矫！”

自为一段。

夫子之言简单而神秘，此段不似夫子言。

☯、卍、十，凡符号可代表象征，皆当简单而又神秘。

强有力，无论学文、学道，皆要有力。佛家龙象之称，一水中有力者，一陆上有力者，惟其有力，故能担荷大法。基督打左脸把右脸也给他，爱敌如爱邻，是强不是弱。孔子曰“吾未见刚者也”（《论语·公冶长》）；尼采（Nietzsche）则曰“超人”“强者的道德”，其学说未免偏激。此文人、诗人与哲人不同处，即庄子恐怕也还是天才的文人、诗人而非哲人。天才的文人、诗人，其所说话还是任性纵情的结果，故不免偏激；而哲人说话流弊较少。凡事之末流皆未免流弊，最平常如吃饭尚出毛病，何况其他。无论任何宗教哲学必须有强，夫子曰“吾未见刚者也”，强由智慧来。

操守。中国，不求有功，先求无过；不求得胜，先求不败，看家本领就是操守。有为有守，英雄有为，未必有守（狂，狷）。见得明白，把得结实，方是真守。宗教家能以身作则，就是守，就是智慧，这不是浊气、客气、无明。因为他见得明白，所以把得结实，至死不变，“强哉矫”！

我们在社会上看多少年，那些人不露出泥脸也露出羊脚来（周作人《中年》），[1]（羊脚疑是希腊神话。）社会譬如烘炉，“金佛不度炉”[2]，金刚是强的象征，要在烘炉里烧不毁、炼不化，才是真强者。

“南方之强与？北方之强与？抑而强与？”“抑”，郑注：“辞也。”（中国文字除方块、单音外，语词特别多，今语尾有词，语首之词已消失。）“而”，尔，郑注：“而之言女也，谓中国也。女音汝。”

“不报无道”，郑注谓即《论语·泰伯》“犯而不校”之义。（“校”，即计较之较。）

“君子居之”，“居之”，即守而行之之义。

---

① 周作人《中年》：“我们少年时浪漫地崇拜好许多英雄，到了中年再一回顾，那些旧日的英雄，无论是道学家或超人志士，此时也都是老年中年了，差不多尽数地不是显出泥脸便即露出羊脚，给我们一个不客气的幻灭。”

② 金佛不度炉：《五灯会元》卷四：“赵州从谂和尚上堂云：金佛不度炉，木佛不度火，泥佛不度水，真佛内里坐。菩提涅槃，真如佛性，尽是贴体衣服，亦名烦恼。实际理地甚么处著。一心不生，万法无咎。”

巨人 giant，如托尔斯泰（Tolstoy）[①]、尼采，简直是大老妖。托尔斯泰主张“勿抗恶”[②]（打左脸把右脸也给他），这近于“南方之强”——“君子居之”，犯而不校；尼采，以牙还牙，以眼还眼，[③] 此“北方之强”——“强者居之”，血气之勇。

“故君子和而不流，强哉矫！中立而不倚，强哉矫！国有道，不变塞焉，强哉矫！国无道，至死不变，强哉矫！”真好！此四“强哉矫”，是解释南方之强而非北方之强。自“故君子和而不流”至“至死不变，强哉矫”，郑氏与朱子皆谓为“而强”，私意只是解释“君子之强”。

“君子之强”，只是有守。

“和而不流”，并不奇异，然而“不流”。

“强哉矫”，“矫”，郑注、朱注皆曰：“强貌。”

---

① 托尔斯泰（1828—1910）：俄国作家，著有长篇小说《战争与和平》《安娜·卡列尼娜》《复活》和批评著作《艺术论》等。

② 托尔斯泰哲学思想及其宗教观，人称托尔斯泰主义，可概括为三个方面：博爱、勿抗恶（或勿以暴力抗恶）与道德自我完善。

③ 《旧约全书·申命记》：“以眼还眼，以牙还牙，以手还手，以脚还脚。”

朱子举诗“矫矫虎臣”（《诗·鲁颂·泮水》），是也。

“不变塞焉”，“塞”字难解。塞，郑注训实。按《诗经·鄘风·定之方中》“秉心塞渊”，郑笺：塞亦训实。马瑞辰[1]谓塞当为“寒”之假（《毛诗传笺通释》）。朱子训塞为未达。按：即通塞之意，通为达，故塞为未达，通塞对举，犹言穷达。达而达，在上主达，有道易达，得志易变其所守。朱子“不变塞焉”，不变未达之道，即不改其本来面目。朱说较郑说为通，也绕弯子，总之不变而已。

“君子固穷，小人穷斯滥矣。”（《论语·卫灵公》）好，不变，有坚意，无不为。“君子固穷”，即至死不变。后之“不变”是结果，若能和而不流，中而不倚，即能不变，此是君子之强。

孔门之问有二种：（一）不知；（二）不自信。如问仁、政、孝，非不知也，乃是禅宗“取证”之意。子路问强，亦是如此。

---

① 马瑞辰（1782—1853）：清代学者、经学家，字献生，又字元伯，安徽桐城人。著有《毛诗传笺通释》。

第十一章

子曰："素隐行怪，后世有述焉，吾弗为之矣。君子遵道而行，半途而废，吾弗能已矣。君子依乎中庸，遁世不见，知而不悔，唯圣者能之。"

此一章，朱注："子思所引夫子之言，以明首章之义者止此。"

第十二章

君子之道费而隐。夫妇之愚，可以与知焉，及其至也，虽圣人亦有所不知焉。夫妇之不肖，可以能行焉，及其至也，虽圣人亦有所不能焉。

天地之大也，人犹有所憾。故君子语大，天下莫能载焉；语小，天下莫能破焉。《诗》云：“鸢飞戾天，鱼跃于渊。”言其上下察也。君子之道，造端乎夫妇；及其至也，察乎天地。

此一章，子思之言。

第十三章

子曰：“道不远人。人之为道而远人，不可以为道。《诗》云：‘伐柯伐柯，其则不远。’执柯以伐柯，睨而视之，犹以为远。故君子以人治人，改而止。忠恕违道不远，施诸己而不愿，亦勿施于人。君子之道四，丘未能一焉：所求乎子以事父，未能也；所求乎臣以事君，未能也；所求乎弟以事兄，未能也；所求乎朋友先施之，未能也。庸德之行，庸言之谨，有所不足，不敢不勉，有馀不敢尽；言顾行，行顾言，君子胡不慥慥尔！”

第十四章

君子素其位而行，不愿乎其外。素富贵，行乎富贵；素贫贱，行乎贫贱；素夷狄，行乎夷狄；素患难，行乎患难。君子无入而不自得焉。在上位，不陵下；在下位，不援上；正己而不求于人，则无怨。上不怨天，下不尤人。故君子居易以俟命，小人行险以侥幸。子曰：“射有似乎君子；失诸正鹄，反求诸其身。”

第十五章

君子之道，譬如行远必自迩，譬如登高必

自卑。《诗》曰："妻子好合，如鼓瑟琴；兄弟既翕，和乐且耽；宜尔室家，乐尔妻孥。"子曰："父母其顺矣乎！"

第十三章、第十四章、第十五章，承第十二章，论君子之道。

第十六章

子曰："鬼神之为德，其盛矣乎！视之而弗见，听之而弗闻，体物而不可遗。使天下之人齐明盛服，以承祭祀。洋洋乎，如在其上，如在其左右。《诗》曰：'神之格思，不可度思！矧可射思！'夫微之显，诚之不可掩如此夫。"

此一章，论鬼神，以"诚"结。

哲学、政治、宗教。中国哲人多不忘情政治，又往往不忘情鬼神。“洋洋乎如在其上，如在其左右”，“祭如在，祭神如神在”（《论语·八佾》），神道设教。

第十七章

子曰：“舜其大孝也与！德为圣人，尊为天子，富有四海之内。宗庙飨之，子孙保之。故大德必得其位，必得其禄，必得其名，必得其寿。故天之生物，必因其材而笃焉。故栽者培之，倾者覆之。诗曰：‘嘉乐君子，宪宪令德，宜民宜人。受禄于天，保佑命之，自天申之。’故大德者必受命。”

第十八章

子曰："无忧者，其惟文王乎！以王季为父，以武王为子。父作之，子述之。武王缵大王、王季、文王之绪，壹戎衣而有天下，身不失天下之显名，尊为天子，富有四海之内，宗庙飨之，子孙保之。武王末受命，周公成文武之德，追王大王、王季，上祀先公以天子之礼。斯礼也，达乎诸侯大夫，及士庶人。父为大夫，子为士；葬以大夫，祭以士。父为士，子为大夫；葬以士，祭以大夫。期之丧，达乎大夫；三年之丧，达乎天子；父母之丧，无贵贱，一也。"

第十九章

子曰："武王、周公，其达孝矣乎！夫孝者，善继人之志，善述人之事者也。春秋修其祖庙，陈其宗器，设其裳衣，荐其时食。宗庙之礼，所以序昭穆也；序爵，所以辨贵贱也；序事，所以辨贤也；旅酬下为上，所以逮贱也；燕毛，所以序齿也。践其位，行其礼，奏其乐，敬其所尊，爱其所亲，事死如事生，事亡如事存，孝之至也。郊社之礼，所以事上帝也；宗庙之礼，所以祀乎其先也。明乎郊社之礼、禘尝之义，治国其如示诸掌乎。"

第十七章、第十八章、第十九章，论舜，论文王，论武王、周公。由此可见，中国哲人不忘情政治。

第二十章

哀公问政。子曰："文武之政，布在方策。其人存，则其政举；其人亡，则其政息。人道敏政，地道敏树。夫政也者，蒲卢也。故为政在人，取人以身，修身以道，修道以仁。仁者，人也，亲亲为大；义者，宜也，尊贤为大。亲亲之杀，尊贤之等，礼所生也。在下位不获乎上，民不可得而治矣。故君子不可以不修身；思修身，不可以不事亲；思事亲，不可以不知人；思知人，不可以不知天。天下之达道五，所以行之者三，曰：君臣也、父子也、夫妇也、昆弟也、朋友之交也五者，天下之达道也；知、仁、勇三者，天下之达德也，所以行之者一也。或生而知之，或学而知之，或困而知之，及其知之一也。或安而行之，或利而行之，或勉强而行之，及其成功一也。”

子曰：“好学近乎知，力行近乎仁，知耻近乎勇。知斯三者，则知所以修身；知所以修身，则知所以治人；知所以治人，则知所以治天下国家矣。”

凡为天下国家有九经，曰：修身也、尊贤也、亲亲也、敬大臣也、体群臣也、子庶民也、来百工也、柔远人也、怀诸侯也。修身，则道立；尊贤，则不惑；亲亲，则诸父昆弟不怨；敬大臣，则不眩；体群臣，则士之报礼重；子庶民，则百姓劝；来百工，则财用足；柔远人，则四方归之；怀诸侯，则天下畏之。齐明盛服，非礼不动，所以修身也；去谗远色，贱货而贵德，所以劝贤也；尊其位，重其禄，同其好恶，所以劝亲亲也；官盛任使，所以劝大臣也；忠信重禄，所以劝士也；时使薄敛，所以劝百姓也；日省月试，既禀称事，所以劝百工也；送往迎来，嘉善而矜不能，所以柔远人也；继绝世，举废国，治乱持危，朝聘以时，厚往而薄来，所以怀诸侯也。凡为天下国家有九经，所以行之者一也。

凡事预则立，不预则废。言前定则不跲，事前定则不困，行前定则不疚，道前定则不穷。

在下位不获乎上，民不可得而治矣；获乎上有道：不信乎朋友，不获乎上矣；信乎朋友有道：不顺乎亲，不信乎朋友矣；顺乎亲有道：反诸身不诚，不顺乎亲矣；诚身有道：不明乎善，不诚乎身矣。

诚者，天之道也；诚之者，人之道也。诚者，不勉而中，不思而得，从容中道，圣人也。诚之者，择善而固执之者也。

博学之，审问之，慎思之，明辨之，笃行之。有弗学，学之弗能，弗措也。有弗问，问之弗知，弗措也。有弗思，思之弗得，弗措也。有弗辨，辨之弗明，弗措也。有弗行，行之弗笃，弗措也。人一能之己百之，人十能之己千之。果能此道矣，虽愚必明，虽柔必强。

此一章，论政，以“诚”结。

儒家治学不忘政治。或有云：此是儒家狂妄。

一诚意、二正心、三修身、四齐家、五治国、六平天下(《礼记·大学》)，此儒家之全套功夫。后之儒家只做到前三项，顶多做到“齐家”而已。后人有攻击儒家云其狂妄，谓“治国”“平天下”非读书人所能行。此不尽然，亦有读书人而做成大事业者。故儒家之政治精神并非夸大、狂妄。(余自无政治之倾向，是近于宗教，虽然无任何信仰。) 儒家不忘政治，时时思以政治之力量推行其学说，因为此乃最便捷的法子。

儒家之政治哲学与宗教哲学皆是“诚”。“诚”之功夫便“自不妄语始”(宋儒语)①，此语颇得儒家精神。宗教亦是如此教训我们。不说瞎话，真难。

① 自不妄语始：《宋史·刘安世传》：“从学于司马光，咨尽心行己之要，光教之以诚，且令自不妄语始。”

在社会上混的年代越多，经验越多，谎话也越多，此种人等于零。宋儒的话对了一半，因其是说内——对己；如对外——对事，则应“自以身作则始”（余之说法）。每一政治领袖在政治舞台上得到成功，在政治的事业上能光华灿烂，都是从“诚”始，由“以身作则始”。无论话说得如何光明正大，如何有条有理，也不能使人相信，如为吏者训其治下勿贪，则其本身就应当清廉，即应以身作则也。（口中公正廉明，背地使黑手者，则绝无成绩。）

骤然观之，儒家之政治以“诚”为根本，则未免有点“瘟”。此不是说其没价值、没用，就是无人欢迎。然除“诚”外，更无好法子。报端常有获得民众即得人、得民心也，此政治领袖之第一条件。如欲得人，则非“诚”不可也。诚，天之经也，地之义也，古今中外都不能改变。行之万世而不变，推之四海而皆准，惟“诚”而已。人是动物，时时在动，只要想做人，就须诚。而儒家论政亦未免“诚”也。

商鞅论术，韩非论法，非儒家，固不能说其无诚，而诚之成分少。韩非子论法是机械的，列出法条，循之而作，此犹钟表各种机关都摆列好即可转；儒家之政治是有机体（机，生机）。先不必说其人亡而法则、条例不行，有许多政客借条例而舞弊，见其所做事绝不对，而都不合法律且破坏法律，却无罪。儒家则不然，以为条文无用，此易舞文（如偷盗以具体之物为偷，然“偷”是具体的犯罪不？此即舞文），《论语》讲“虽赏之不窃”（《颜渊》）。有条例则奸吏舞文即未诚之时；既诚，则“虽赏之不窃”。所谓“路不拾遗”，亦此之谓，即诚也。故《中庸》曰“其人存，则其政举；其人亡，则其政息”，此真难。“仁远乎哉！我欲仁，斯仁至矣。”（《论语·述而》）

“哀公问政”，“哀公”，鲁之君。

“布在方策”，“方策”，书籍。“布在方策”，谓未灭亡也。

“人道敏政，地道敏树”，人道，政；地道，机、效也；敏，速效。

“夫政也者，蒲卢也”，“蒲卢”，《礼记》郑注：

“蒲卢，蜾蠃，谓土蜂也。《诗》曰：‘螟蛉有子，蜾蠃负之。’螟蛉，桑虫也，蒲卢取桑虫之子去而变化之，以成为己子。政之于百姓，若蒲卢之于桑虫然。”或曰：“蜾蠃负螟蛉之子，祝曰：‘似我似我。’”朱注取沈括说①，卢即芦，蒲芦即蒲苇之类也。

《论语·颜渊》：

> 季康子问政于孔子。孔子对曰：“政者正也。子帅以正，孰敢不正？”

“政者正也。子帅以正，孰敢不正？”然太老实、太正直，就不免“瘟”。后来政治只是手段，近于科学，非哲学。后来政是治，古时是教化。凡一大政治家之能成功者多少都能“帅以正”。“苟正其身矣，于从政乎何有？不能正其身，如正人何？”

---

① 沈括说：沈括《梦溪笔谈》卷三《辩证一》：“蒲芦，说者以为蜾蠃，疑不然。蒲芦即蒲、苇耳。”沈括（1031—1095），北宋科学家，字存中，号梦溪丈人，杭州钱塘（今浙江杭州）人。

（《论语·子路》）“如正人何”，“如何”，奈何。

“取人以身，修身以道，修道以仁。”修身，正，做人。别家对象是外，向外的；儒家对象是本身，向内的。法家之政只是正人，儒家先正身。世人所谓好人只是世法，死的不敢道，活的不敢拿。宋儒用功，结果只是自了汉，消极；儒家是积极的，正己是正人之本。

“亲亲之杀”，“杀”，差别。儒家阶级思想，“礼不下庶人，刑不上大夫”（《礼记·曲礼》），授人以口实。此盖非孔门之说。差别、等级盖人之性，因为尊重自己父母，所以尊重别人的父母，此可能；看别人的父母与自己的父母一样，此不可能。推恩，推广、扩充，与等级并非抵触。感情与理智调和，因自己推及别人是可能的。《礼记》所讲则末流之弊。

“在下位不获乎上”，“在下”，郑氏谓此句“在下”便是在此，朱子从之。余以为未必然，此亦儒家政治思想，等级之一。儒家亦有差别、等级。

天 —— 自然 —— 道。

“一也”，郑氏谓一为“百王所不变”，朱注谓一为“诚”。郑氏易解，朱氏理深，皆可取。正名。现在，只重名不重实。名，化石。

《论语》云：

> 知者不惑，仁者不忧，勇者不惧。
>
> （《论语·子罕》）

社会上生是积极的，不是说只对人无妨碍，是要对人有益。而最足打扰生的积极精神的是：惑、忧、惧。惑，不知当如何。忧，“人生不满百，常怀千岁忧”（“古诗十九首”之《步出西门行》）。不忧，该是“不怨天，不尤人”（《论语·宪问》）；普通不忧，不是阿 Q 就是无赖。《左传》所言“贪天之功以为己力”，只是机会。只论该不该办，不论办得好办不好，更不问办好后人如何干好，不贪天之功以为己力。办不好，不怨天，不尤人，不忧。不惑、不忧了，又惧，如此不但把人做好事耽误了，就连人活着的兴致都没有了。佛讲慈悲，精修猛进。大雄，即不惑、不忧、不惧，及其知一也。（佛家在印度时尚讲“熏习”，与后之禅宗“顿悟”不同。礼本无香，还有差别、等级。）无论生、学、困、知，一也。儒家之政治哲学与宗教哲学同，任何一伟大的宗教皆是诚。哲学是诚。

二十章归结到“诚”，与《大学》之“正心诚意”同。“诚”与“慎独”，实一物而二名。诚，内外如一，无论何时、何地、何事。

自此一章以下六章，大论“诚”，皆承二十章而发挥。

第廿一章

自诚明，谓之性；自明诚，谓之教。诚则明矣；明则诚矣。

此一章，自“诚明”起。

此虽未必子思本人作，而确为儒家嫡传。

“自诚明”，先诚后明，圣人心口、内外、言行如一，由诚发生智慧——性。

“自明诚”，先明后诚，先有智慧，后求诚。教——学。

有智慧，便诚；若不诚，非真智慧。

第廿二章

> 惟天下至诚，为能尽其性；能尽其性，则能尽人之性；能尽人之性，则能尽物之性；能尽物之性，则可以赞天地之化育；可以赞天地之化育，则可以与天地参矣。

“为能尽其性”，“其性”，自己个人之性。

推己及人，“他人之心，予忖度之”（《孟子·

梁惠王上》）。

人之中有我，我之中又有人。

儒家讲诚，犹佛讲空。佛家反对“顽空”，一切无忌惮。空不可顽空，实亦非仅老实，故曰诚，又曰明。

第廿三章

其次致曲，曲能有诚，诚则形，形则着，着则明，明则动，动则变，变则化，唯天下至诚为能化。

“其次致曲”，郑注：“曲，小小之事也。”“致”，极也。虽小事亦不放松。

“唯天下至诚为能化”，“化”：（一）在己，会通之义，“无入而不自得”（《中庸》十四章），如王字、陶诗①；（二）对人，感化之义。诚至在己是会

① 王字、陶诗：王羲之之字、陶渊明之诗。

通，对人是感化，虽圣人难之，儒家渐修。

第廿四章

至诚之道，可以前知。国家将兴，必有祯祥；国家将亡，必有妖孽。见乎蓍龟，动乎四体。祸福将至，善，必先知之；不善，必先知之。故至诚如神。

此一章，承上论“诚”。

第廿五章

诚者自成也，而道自道也。诚者，物之终始，不诚无物。是故君子诚之为贵。诚者，非自成己而已也，所以成物也。成己，仁也；成物，知也。性之德也，合外内之道也，故时措之宜也。

“诚者自成也”，是静；“而道自道也”，是动。诚——心，体；道——物，用，无所作为，不能见道，必见之于物。

《中庸》言“不诚无物”，天地间万事万物皆待诚而生，恃诚而成。如粮食粒长得饱满谓之成实①，成实即诚实，不骗人；如土地不肥美，雨露不滋润，长成也不结子，也不成，不成即不诚也。“苗而不秀者有矣夫，秀而不实者有矣夫”（《论语·子罕》），子若不成，即是如此情形也。

一切宗教皆是真诚。人最不诚，众生好度人难度，惟其难，故更要诚，要慎独。

“诚者，非自成己而已也，所以成物也。成己，仁也；成物，知也。”诚，自成也，心，体；道，自

① 成实：顾随家乡语，“实”读轻声。

道也；物，用。

第廿六章

故至诚无息。不息则久，久则徵，徵则悠远，悠远则博厚，博厚则高明。博厚，所以载物也；高明，所以覆物也；悠久，所以成物也；博厚配地，高明配天，悠久无疆。如此者，不见而章，不动而变，无为而成。

天地之道，可一言而尽也：其为物不贰，则其生物不测。天地之道：博也、厚也、高也、明也、悠也、久也。今夫天，斯昭昭之多，及其无穷也，日月星辰系焉，万物覆焉。今夫地，一撮土之多，及其广厚，载华岳而不重，振河海而不泄，万物载焉。今夫山，一卷石之多，及其广大，草木生之，禽兽居之，宝藏兴焉。今夫水，一勺之多，及其不测，鼋鼍蛟龙鱼鳖生焉，货财殖焉。

诗云："维天之命，于穆不已。"盖曰天之所以为天也。"于乎不显，文王之德之纯。"盖曰文王之所以为文也，纯亦不已。

此一章，总结"诚"。

儒家简单而神秘，平凡而伟大。而常人只见其简单、平凡，不足以敌他学说，故《中庸》云"无为而成"，即"化"字之解释。

"可一言而尽也"，"一言"，一句话（又有词word之义）。

凡所谓真理、真神，皆是一，绝对。

以上第廿一章、第廿二章、第廿三章、第廿四章、第廿五章、第廿六章，皆论"诚"。

第廿七章

大哉圣人之道！洋洋乎！发育万物，峻极于天，优优大哉！礼仪三百，威仪三千。待其人而后行。故曰苟不至德，至道不凝焉。故君子尊德性而道问学，致广大而尽精微，极高明而道中庸。温故而知新，敦厚以崇礼。是故居上不骄，为下不倍。国有道，其言足以兴；国无道，其默足以容。诗曰："既明且哲，以保其身。"其此之谓与？

第廿八章

子曰："愚而好自用，贱而好自专，生乎今之世，反古之道。如此者，灾及其身者也。"非天子，不议礼，不制度，不考文。今天下车同轨，书同文，行同伦。虽有其位，苟无其德，不敢作礼乐焉；虽有其德，苟无其位，亦不敢作礼乐焉。子曰："吾说夏礼，杞不足徵也。吾学殷礼，有宋存焉。吾学周礼，今用之，吾从周。"

第廿九章

王天下有三重焉，其寡过矣乎！上焉者，虽善无徵；无徵，不信；不信，民弗从。下焉者，虽善不尊；不尊，不信；不信，民弗从。故君子之道，本诸身，徵诸庶民，考诸三王而不缪，建诸天地而不悖，质诸鬼神而无疑，百世以俟圣人而不惑。质诸鬼神而无疑，知天也；百世以俟圣人而不惑，知人也。是故君子动而世为天下道，行而世为天下法，言而世为天下则。远之则有望，近之则不厌。诗曰："在彼无恶，在此无射；庶几夙夜，以永终誉。”君子未有不如此而蚤有誉于天下者也。

第三十章

仲尼祖述尧舜，宪章文武，上律天时，下袭水土。辟如天地之无不持载，无不覆帱；辟如四时之错行，如日月之代明。万物并育而不相害，道并行而不相悖。小德川流，大德敦化。此天地之所以为大也。

第卅一章

唯天下至圣，为能聪明睿知，足以有临也；宽裕温柔，足以有容也；发强刚毅，足以有执也；齐庄中正，足以有敬也；文理密察，足以有别也。溥博渊泉，而时出之，溥博如天，渊泉如渊。见而民莫不敬；言而民莫不信；行而民莫不说。是以声名洋溢乎中国，施及蛮貊。舟车所至，人力所通，天之所覆，地之所载，日月所照，霜露所队①，凡有血气者，莫不尊亲，故曰配天。

以上第廿七章、第廿八章、第廿九章、第三十章、第卅一章，无讲论。

第卅二章

唯天下至诚，为能经纶天下之大经，立天下之大本，知天地之化育，夫焉有所倚！肫肫其仁，渊渊其渊，浩浩其天。苟不固聪明圣知，达天德者，其孰能知之？

---

① 队：同“坠”。

《中庸》“诚意”，第卅二章，万殊归于一本。

《论语》言“忠恕而已矣”（《里仁》），“忠恕”二字，实即诚，在己曰忠，在人曰恕。

孔子告人只是手续（阶段）、目标，而罕言学成后之气象，欲其自得也。吃饱后自知，不吃饱，说亦白说。《中庸》则讲学成后其气象，盖欲引起人向往之心。

“经纶天下之大经，立天下之大本，知天地之化育”，言至诚之能成。

“肫肫其仁，渊渊其渊，浩浩其天”，“肫肫”，厚；“渊渊”，深；“浩浩”，高。如佛所谓涅槃，道所谓“道可道，非常道”（《道德经》一章）。

“苟不固聪明圣知”，“固”，确实。

“夫焉有所倚”，不偏，发而皆中节。郑注“安有所倚，言无所偏倚也”，似之。郑注又曰：“而人人自以被德尤厚，似偏颇者。”非是。朱注：“夫岂有倚着于物而后能哉?”较之郑氏，其义为长。

平常人都是有所倚；人到无所倚着，才正好用功。把一切仗恃放下，还有本事没有？如此能大放光明、有所作为才是。学问、知识，也是依倚凭仗。得，是由自己心中生出，不是仗恃外物。诚亦然。

应无所住而生其心。

（《金刚经》）

“禅心已作沾泥絮”（释参寥《席上赠妓》），是死的，不是禅佛本意。“无所住而生其心”，曰“生”，可见非死。在人世老碰钉子的人，其心被摧残，结果干了。心要活泼泼的，要生真心，而要“无所住”。如余闻黄鹂而高兴，那么不闻的人或闻惯的是否还高兴？学道的人皆大欢喜，是“无所住”。“心纯是法，与法相应”（《观普贤经》），此与“应无所住而生其心”同意，惟前者令人闻后不知从何下手，后者则有路可走。心可生而要与法相应，而永远在动。

佛心，一动即法；儒，不动则已，一动则仁。

无所倚，无所住，先要从倚上、住上做起，如幼儿学步，初无倚，后若不能无倚，则不合道。然此不可便认为瞎子明杖棍，此与大人扶助幼儿行路不同，小孩子有发展、有成就。（只是余之目标一个比一个轻。）《论语》云：

> 志于道，据于德，依于仁，游于艺。
>
> （《论语·述而》）

> 兴于诗，立于礼，成于乐。
>
> （《论语·泰伯》）

不兴于诗，不活泼；不立于礼，不严肃；不成于乐，不能无所不宜。

第卅三章

《诗》曰："衣锦尚䌹。"恶其文之著也。故君子之道，暗然而日章；小人之道，的然而日亡。君子之道，淡而不厌，简而文，温而理，知远之近，知风之自，知微之显，可与入德矣。

《诗》云："潜虽伏矣，亦孔之昭。"故君子内省不疚，无恶于志。君子之所不可及者，其唯人之所不见乎。

《诗》云："相在尔室，尚不愧于屋漏。"故君子不动而敬，不言而信。

《诗》曰："奏假无言，时靡有争。"是故君子不赏而民劝，不怒而民威于铁钺。

《诗》曰："不显惟德，百辟其刑之。"是故君子笃恭而天下平。

《诗》云："予怀明德，不大声以色。"子

曰："声色之于以化民，末也。"

《诗》曰："德輶如毛。"毛犹有伦。"上天之载，无声无臭"，至矣。

此章，无讲论。

附：物（体）·道·法

物是事物，既有物便有道，既成道便有法。有道便可求法，然法不可求。

先生的法可以得，然不可以传；可传未必能得，然不传不害其得。颜渊之于孔子，具体而微；余叔岩①学叫天②亦然，叫天虽不传，余叔岩未尝不得。

① 余叔岩（1890—1943）：清末民国间京剧演员，原名第祺，字小云，湖北罗田人。工老生，代表剧目有《搜孤救孤》《问樵闹府》《桑园寄子》《阳平关》《乌龙院》《乌盆记》等。

② 叫天：即谭鑫培。谭鑫培（1847—1917），原名金福，字望重，湖北江夏（今武汉市武昌区）人。著名京剧演员，初工武生后改老生，谭派创始人，有“伶界大王”之美誉。因其父谭志道有“叫天”之艺号，故称谭鑫培为“小叫天”“谭叫天”。代表剧目有《空城计》《秦琼卖马》《捉放曹》《武家坡》《定军山》等。

释迦拈花，迦叶微笑。释迦拈花，以不说说；迦叶微笑，以不闻闻。如来有密语，迦叶不覆藏。前者即拈花，后者即微笑。语虽密然究是语，是传；迦叶是得。如其不知，便是“密语”；如懂，便是不覆藏。一切道均是如此。

无法便罢，假令有法可传，须：（一）启发（准备），闻一知十，举一反三；（二）参考（事前）；（三）印证（事后）。

相信、自信，除此二者，更于何处讲“信”？除此而外，更于何处找安心方？人要想幸福过活，必须得到信，无论相信也好、自信也好。不安心的人顶不相信别人，也不相信自己，纵使成功，心也不安；有信心，纵使失败，也安心。

“侍”“诗”“等”“待”，均含“寺”字，右文，舌头音。若给中学生讲，不明白；明白了，用不着讲了。

余自谓为捩脚法师，说得行不得。然余之所以能说，或正因其不能行？

人从事于职业而外，还要有馀力，始能对职业发生兴趣，不视为畏途。为职业，不能砸饭碗；为事业，当有始有终。为这个，不能尽是真的，要点假的，但假为的是使真的成功。如骗小孩子吃药，骗他是糖，这虽是假，然而再真没有了。

当教员念字就是要标准音，讲书就是要正确意义。为了避免错误，当多查多准备，倘念错讲错，可不用立即改正，更正要看情势。在中国做事净真格的不行，要看情势，第三方是理。情势适合，连理都可不讲。

教学相长，多识字，多懂，比自己用功还切实；教书为人，倒在其次，主要是为己。